행복한 인생의 재발견
코칭, 마음을 열다

코칭,

마음을 열다

박유찬 지음

별다섯

: 프롤로그

사람답게 사는 길이 잘 사는 길이다

지금껏 살아오면서 '잘 살고' 싶다는 바람을 버리지 못했다. 단지 돈을 많이 벌어서 윤택하게 살고 싶다는 것은 아니었다. 똑 부러지게 '이것이다'라고 말하기는 쉽지 않지만, 한 번뿐인 인생을 어제보다는 오늘이 낫고 오늘보다는 내일이 더 낫게 살고 싶었다. 남의 평가와 상관없이 스스로 행복한 인생길을 걷고 싶었던 것이다. 그러나 현실은 그렇게 잘 살지 못했다. 그렇다고 독한 마음먹고 끝까지 숙제를 푸는 학생처럼 이 질문에 매달리지도 못했다. 그러면서도 매번 새해가 돌아오면 새 수첩에 새로운 꿈을 적듯이 '어떻게 하면 잘 살 수 있을까?'라는 이 소망의 끄트머리를 놓지 못했었다.

내가 근무하고 있는 사무실 유리창 너머엔 제법 수령이 오래된 목련 한 그루가 있다. 며칠 따뜻한 봄기운이 계속되더니 이 목련 가지에 하얀 꽃망울이 제법 올라왔다. 문득 저 목련은 '참 잘 살고 있구나'라는 생각이 들었다. 누가 뭐래도 목련은 작년 가을 이후 꿋꿋하게 혹독하고 차가운 겨울바람을 견뎌냈다. 아무도 보는 이 없고,

재촉하는 이 없어도 땅 밑에서는 스스로 수분을 모으고 영양을 축적했으리라. 그 결과 따뜻한 봄바람이 불자 지체 없이 꽃망울을 피웠다. 꽃을 피움으로 인해 작년보다 더 성장하고 아름다워졌다.

자연은 우리에게 훌륭한 교사라고 하는데, 목련에게서 한 수 배운다. 스스로 준비하고 인내하면 때가 되매 꽃을 피울 수 있다는 것을. 그리고 이렇게 하는 것이 목련답게 사는 것이라는 점을 깨달았다. 생각이 여기에 미치자 사람이 잘 사는 것은 곧 '사람답게 사는 것이겠구나' 하는 마음이 들었다.

오랫동안 시나브로 생각해왔던 잘 사는 것에 대한 답이 될 수 있을 것만 같았다. 숙제가 풀리는 기분이다. 사람은 누구나 성장에 대한 바람이 있고 좋은 쪽으로 변화하고자 하는 욕구가 있는데, 이것이 채워질 때 행복하고 또 만족한 삶을 산다는 것이다. 즉 잘 사는 것의 핵심은 성장과 변화인 셈이다. 목련은 꽃을 피우는 것이, 그리고 사람은 성장하고 변화하는 것이 잘 사는 길이라고 여겨진다.

코칭이 추구하는 바가 바로 이 성장과 변화다. 인생길에서 코칭을 만나 스스로 배우고 익혀가면서 많은 기쁨을 누리고 있다. 아직도 가야 할 곳이 멀지만 바른 삶의 초입에 들어선 것만은 확실해 보인다. 그래서 지금까지 깨닫고 느낀 것을 나누고 싶은 마음이 간절했다. 좋은 것을 보다 많은 사람에게 알리고 싶은 것이다. 스스로 적용해본 것도 있고, 다른 사람들에게 코칭을 해준 사례도 있다. 이들이 변화되는 것을 보면 기쁘다. 밥을 먹지 않아도 배고픈 것을 모를 정도다. 이 책을 읽는 독자들이 이런 기쁨을 맛보았으면 좋겠다. 누구나 코칭을 적용할 수 있도록 코칭의 이론적인 부분도 할애했다. 구체적인 사례에서 코칭의 맛을 느꼈다면 다음에는 이런 코칭이 어떻게 이루어졌는지를 살펴볼 수 있도록 구성했다.

현대인이면 누구나 피해갈 수 없는 길 중의 하나가 '변화의 길'일 것이다. 매스컴에서 귀가 따갑게 듣는 말이 있다. 변화. 오직 변화해야만 살아남고 성장할 수 있다고 한다. 더욱 겁나는 소리도 들린다. 예전에는 십 년에 걸쳐 변화하던 것이 이제는 단 일 년 만에 혹은 한두 달 내에 바뀐다고 한다. 가만히 있으면 정체되는 것이 아니라 퇴행이라고 말한다. 변화라는 말을 듣는 것만으로도 머리가 아프다. 그런데 이를 반전시켜 오히려 적극적으로 변화해나가면 발걸음이 가벼워진다. 무엇이든 누가 시켜서 하면 하기 싫다. 아무리 옳고 좋은 것이라도 그렇다. 사람은 원래 그런 존재다. 그런데 자신이 자각하고 느껴서 스스로 변화의 길을 모색하면 즐거움이 될 수 있다. 코칭을 통해서 이런 변화를 가져올 수 있다. 이 봄에 목련이 꽃을 피워 목련답게 살듯이, 우리도 사람답게 살았으면 좋겠다. 이 책에 작지만 그런 길이 제시되어 있다.

이 책이 나오기까지 여러 방면에서 가르침을 주고 이끌어준 모든 분께 감사드린다. 맨 처음 코칭을 알려주고 길을 열어주었던 정혜선 박사님, 코칭 세계의 맛을 보여준 연세코칭아카데미의 교수님과 함께 실습하고 공부했던 비즈니스 코칭 동기생들, 또 심리학 이론에 기초한 코칭교육에 열정을 아끼지 않는 광운대교육대학원 코칭심리학과의 탁진국 주임교수님을 비롯한 여러 교수님과 학습동지애로 똘똘 뭉쳐 있는 동문들께도 감사드린다. 그리고 일선 현장에서 코칭의 장을 적극적으로 열어주신 한국은행 인재개발원의 허재성 원장님, 영적인 양식을 매주 끊임없이 공급해주시는 서울광염교회(구 감자탕교회) 조현삼 담임목사님께도 감사드린다. 끝으로 부족한 글을 처음부터 끝까지 수정보완은 물론 편집까지 도맡아준 출판사에도 감사의 말을 전한다. 아울러 아들을 위해 늘 기도하는 시골에 홀로 계신 어머니와 항상 밝고 쾌활한 모습으로 내조해주는 아내와 우리 집 사랑둥이 하림이에게도 고마운 마음을 전한다.

2012년 5월 박유찬

차례

[프롤로그] 사람답게 사는 길이 잘 사는 길이다 _5

1장 나의 행복 찾기
_문제해결의 열쇠는 내 안에 있다

오늘이 내 인생의 남은 날 중 가장 젊은 날이다 _14
남에게 상처 주지 않으면서 불편한 감정 표현하기 _20
아버지처럼 안 살 거야 _25
'온유한' 내 안에 '분노'가 많다고? _31
좋은 습관은 자발성에서 시작된다 _37
거울 들여다보기 _43
반드시 실행해야 하는 '희한한' 숙제 _49
영화 속 베스트 코치들 _54
뒷담화로 칭찬하기 _59
기도 중에 담배 피우기 vs. 담배 피우는 중에 기도하기 _63
대추 한 알 그리고 한 사람 _67
'ABCD'를 알자 _71

2장 당신의 행복 찾기
_인간의 궁극의 목표는 행복이다

우리 국장님이 달라졌어요 _78
모든 사람의 내면에는 무궁한 자원이 있다 _84
행복한 인생을 퍼 올리는 마중물 _88
코칭의 전제조건 _95
지금, 코칭에서 답을 찾는 이유 _101
깨달음 〉 사랑 〉 용기 _105
행복을 위한 몇 가지 기술 _109
자기조절모형 _114
코칭은 인생 '곳곳'에 '언제나' 있다 _118
코치형 리더가 대세 _122

3장 우리의 행복 찾기
_인간에 대한 이해가 행복한 관계를 만든다

인생의 99퍼센트를 구성하는 요소 _128
나는 어떤 사람인가? _133
정답이 없어 더욱 중요한 몇 가지 질문 _138
관계가 좋을 때, 나쁠 때 _142
조직에서의 성공 요인 _147
가상의 시간 여행 _152
수요일의 염려상자 _156
무의식의 세계에서 발견하는 진정한 나의 모습 _161
나는 보는 각도에 따라 달라진다 _166
네 번째 필수 영양소 _171
남자와 여자는 사는 나라가 다르다 _175
자기주장 결핍증 _181

4장 마음을 읽는 소통의 기술

코칭의 두 기둥 _186
마음으로 들어라 _190
100단어와 500단어 사이 _196
사람이 사람에게 줄 수 있는 최고의 선물은 공감이다 _201
듣는 데도 기술이 필요하다 _206
생각을 끌어내는 질문의 힘 _210
질문으로 감정 읽기 _215
관심을 가지면 보이기 시작한다 _218
코칭에 효과적인 질문들 _221
판단 없이 관찰하기 _226
느낌과 욕구 표현하기 _230
비폭력 대화의 화룡점정, 부탁하기 _237
감정표현이 서툴면 내면이 병든다 _241
성공적인 셀프 코칭의 조건 _247
오늘 하루 행복하세요 _252

[에필로그] _257

1장

나의 행복 찾기

문제해결의 열쇠는 내 안에 있다

오늘이 내 인생의 남은 날 중 가장 젊은 날이다

―――

 필자와 코칭과의 만남은 이렇게 시작되었다. 근무하고 있는 직장(한국은행)이 인사이동 때가 되어 직원들의 교육을 담당하는 인재개발원(구 연수원) 근무를 희망했다. 평소에도 나는 사람을 돕고 성장시키는 데 도움을 주는 교육에 관심이 많았다. 다른 사람과 관계를 맺고, 가르침을 주고받으며, 도움을 주고받는 것이 좋았다. 그래서 직장 내 교육파트인 인재개발원 근무를 원했는데 다행히 원하는 대로 배치를 받을 수 있었다.

 교육 담당부서로 배치를 받고 보니, 남을 보다 효과적으로 교육하기 위해서는 먼저 나 자신이 배워야겠다는 생각이 들었다. 이런 고민으로 관련 자료도 살펴보고, 여러 사람과 상담도 하는 중 인재개발원 교육 강사로부터 코칭을 소개받았다. 수년 전에 강의를 받은 후 그 강사에 대해 좋은 인상을 가지고 있던 터라 그 분이 알려준 코칭에 마음이 끌렸다. 직장생활과 강사활동, 저작활동 등 여러 가지

과정을 거쳐 최종적으로 선택한 길이 코칭이었다는 것과 이 길을 선택한 후 정말 행복하고 삶에 활력이 넘친다는 그 강사의 말이 매우 인상적이었다.

코칭이 도대체 무엇이기에 사람에게 행복을 주고 또 삶에 활력을 넘치게 하는가? 직장생활과 강사활동의 마지막 종착점으로 추천하는 데 손색이 없다는 코칭이 무엇일까? 호기심으로 인터넷도 검색해 보고 관련 서적도 펼쳐보았다. 여러 곳에서 '코칭은 사람을 스스로 변화시키는 촉매제'라고 소개하고 있었다. 사람은 누구나 행복해지려는 기본 욕구가 있다. 지금 살아가는 궁극적인 목적도 정도의 차이는 있겠지만 행복이라는 목표를 향해 간다는 데는 별반 다름이 없을 것이다.

성장과 변화에 대한 생각도 행복에 대한 욕구와 비슷하지 않을까 싶다. 오늘보다 내일이 더 나은 삶을 살고 싶은 것이다. 지금 당장 그것이 이뤄지지 않는다 해도 성장과 변화에 대한 기대마저 없는 것은 결코 아닐 것이다. 코칭이 바로 이런 성장과 변화를 돕는 역할을 해준다는 것이었다. 당연히 눈이 뜨이고 귀가 열렸다.

평소 내가 가지고 있는 사람에 대한 생각이나 삶에 대한 바람과도 일치했다. 코칭의 세계에 뛰어드는 데 더 이상 망설일 이유가 없었다. 내 삶에 성장과 변화를 가져다줄 수 있는 것이 코칭이라면 하루라도 빨리 코칭과 만나고 싶었다. 어떻게 하면 내가 그 성장과 변화의 주인공이 될 수 있을지 주목하게 되었다. 코칭에서 전하는 개념과 구체적인 방법을 하나씩 터득하고 연습해 서툴지만 내 것으로 만들어갔다. 배운 것은 가능한 바로바로 적용해보자는 것이 평소 생각인지라 코칭을 접하면서 새롭게 배운 것을 실행해보았다.

그중에 NLP(Neuro Linguistic Program, 신경언어프로그램) 코칭에서 나오는 '주관적 몰입'이 있다. 이는 자신이 가장 행복했던 순간이나 성취했던 경험을 내적 자원으로 만들어 장래의 삶에 자원으로 활용한다는 개념이다. 성공했던 기억이 삶에 자신감을 준다는 것을 공식화해 활용하는 것이다.

눈을 감고 스스로에게 물어보았다. '내 인생 중 행복했던 순간이 언제였나?' 평소 이런 질문에 익숙해 있지 않던 터라 얼른 떠오르는 것이 별로 없었다. 여기서 포기하지 않고 좀 더 마음을 달래고 집중하면서 다음 질문을 던져보았다. 그렇다면 또 '성취를 경험했던 적은 언제였는가?' 학창시절 학우들 앞에 나가 우등상을 탔을 때, 한국은행 합격소식을 들었을 때, 직장의 행내문예 작품에 입선되어 상을 탔을 때, 아내와 결혼을 약속받고 처음으로 아내의 손을 잡았을 때, 난생 처음 아빠가 되었을 때 등등 여러 가지가 떠올랐다. 내게도 이렇게 많은 기쁨과 행복의 순간들이 있었구나 하는 마음이 새삼 들었다.

그중에 한 가지 기억을 붙잡고서 조금 더 몰입해 들어갔다. 한국은행 합격소식을 들었을 때의 순간에 몰입했다. 그 기억의 생생한 현장 속으로 들어가려고 노력했다. 소리와 시각, 그리고 체감각을 모두 동원하여 그때 그 기분을 최대한 느껴보려고 애썼다. 청각적인 측면에서 무슨 소리가 들리는지 귀를 기울였다. 당시 나는 학교를 졸업하고 응시했던 한국은행의 합격소식만을 손꼽아 기다리고 있던 터였다. 1980년대라서 요즘처럼 핸드폰이나 이메일과 같은 디지털 통신은 없고 전통적인 우편이나 전보 등으로 연락을 주고받던 시절이었다. 시골 고향집 작은 방에서 뒹굴면서도 밖에서 나는 소리에 신경을 썼다. 집배원의 편지 배달이 가장 흔히 사용하는 통신수단이었던 때라 우체부 아저씨가 언제쯤 다녀갈까 하는 것이 제일 궁금했던 것이다.

가만히 그때를 떠올려보니 둘째 여동생이 "오빠, 한국은행에서 편지 왔어" 하던 소리가 들렸다. 시골 고샅길을 달려오면서 작은방에 있는 나를 부르는 소리였다. 목소리는 이미 흥분되어 있었고, 제법 큰 소리였다. 직감적으로 좋은 소식이라는 생각이 들었다. 불합격이라면 연락이 오지 않았을 것이기 때문이다.

다음에는 시각적인 측면에서 무엇이 보이는지 집중해보았다. 2월 하순 잔설이 남아 있었고, 시골의 온돌방에 등을 붙이고 뒹구는 모습이 떠올랐다. 나를 찾는 소리에 문풍지가 달린 문을 열자 누런 봉투를 흔들면서 정신없이 뛰어오는 여동생의 모습이 나지막한 울타리 너머로 보였다. 지금은 도시 풍으로 바뀌어 사라지고 없지만, 기억에는 아직도 선명한 시골집의 정겨웠던 모습이 떠올랐다.

마지막으로 그때 어떤 기분이 들었는지 집중해보았다. 무료함에 지쳐 있던 내 오감이 팽팽하게 당겨지는 것을 느꼈다. 직감적으로 기쁘고 좋은 소식이라는 생각에 자리에서 벌떡 일어났던 것 같다. 가슴이 쿵쾅거리며 얼굴빛은 금세 선홍색으로 물들었던 느낌이 들었다.

그때 내가 보고 듣고 느꼈던 기분이 바로 이것이었구나 하는 마음이 들었다. 주관적 몰입을 통해 예전의 성취경험을 거의 복원시킨 것이었다. 기분이 한결 좋아지고, 에너지가 충만해지는 것을 느낄 수 있었다. 마음이 흥분되고 설렜다. 이 기분이라면 어떤 어려움도 헤쳐 나갈 수 있고, 무엇이든지 할 수 있을 것 같은 자신감이 충만했다. 자신의 내면의 자원을 꺼내 쓴다는 것이 바로 이런 것이구나 하는 자각이 일어났다.

NLP 코칭에서 말하는 '주관적 몰입'이라는 한 가지 스킬을 적용해봄으로써 실제적인 코칭과의 만남이 이루어진 것이었다. 이런 코칭이라면 더 마다할 이유가 없었다. 마음을 활짝 열고 코칭의 세계에 빠지고 싶었다. 코칭을 통해 나의 내면의 자원이 충분히 발휘된다면 참 좋겠다는 생각이 들었다. 인생의 후반기에 코칭으로 나 자신이 온전히 선 다음 그것에 만족하지 않고 다른 사람에게 선한 영향력을 끼친다면 보람 있겠다는 생각이 들었다. 행복한 변화와 성장에 대해 오늘도 꿈은 꾸지만, 구체적으로 이를 어떻게 이루어갈 것인지 잘 모르는 사람에게 도움을 줄 수 있다는 것에 가슴이 뛴다.

무엇을 배우고 익히든 결코 늦은 때란 없다고 한다. 시작하는 지금이 언제나 가장 빠르다. 오늘 이 순간은 내일보다는 항상 앞서기 때문이다. 우리가 잘 아는 로마의 정치인 카토는 80세에 그리스어 공부를 시작했다. 요즘도 80세면 만만치 않은 나이인데, 당시에는 노인 중에서도 상노인 취급을 받았을 것이다. 정계에서 은퇴해 편안한 노후를 준비하는 것이 더 당연하게 여겨졌을 것이다.

그러나 카토는 그 나이에 두 손 놓고서 가만히 있지 않았다. 새로운 공부를 시작한 것이다. 그 나이에 무슨 공부냐고 핀잔하는 친구에게 카토는 이렇게 말했다고 한다. "오늘이 내 인생의 남은 날 중 가장 젊은 날이다." 그렇다. 바로 오늘이 우리 인생에서 가장 젊은 날인 것이다. 그래서 무엇이든지 오늘 시작하는 것이 가장 빨리 시작한 것이다. 내 인생에 코칭은 이렇게 찾아왔다.

남에게 상처 주지 않으면서
불편한 감정 표현하기

코칭은 내면에 잠재되어 있는 자원에 행복의 징검다리를 놓는 역할도 하지만, 때로는 내면의 부정적인 감정을 인식해 처리하는 역할도 한다. 전자가 긍정적인 것을 강화하는 방식이라면, 후자는 부정적인 것을 없애주는 방식이라고 할 수 있을 것이다. 아내의 늦은 귀가로 인해 속이 상했던 경험을 통해 나의 내면에서 일어나는 감정의 단상을 보게 된 일이 있었다.

구체적인 사연은 이랬다. 토요일 늦은 오후 아내는 동네 아줌마와 함께 외출했다. 평소 아내의 귀가시간을 생각해볼 때 이 시각에 나간다면 집사람에게 저녁밥을 얻어먹기 힘들었다. 주말인데도 아들 녀석은 공부하러 나갔고, 믿었던 집사람마저 없으니 저녁밥은 혼자 해결해야 할 상황이었다. 행복한 삶을 위해 할 수만 있다면 환경을 마음에 맞게 고쳐나가는 것이 좋겠지만, 그렇지 못하다면 반대로 환경에 맞추어 마음을 조정하는 것도 평안을 잃지 않는 방법이 될 것이다. 평소 많은 부딪힘 속에서 터득한 이 생활의 비결을 다시 한 번 꺼내는 수밖에.

주말 오후 기대했던 가족과의 단란한 식사는 포기했다. 대신 무엇으로 저녁을 때울까 고민하며 널브러진 식탁을 살폈다. 딱히 먹을 만한 것이 없었다. 냉장고 안에도, 싱크대 위에도. 그래서 가장 손쉽고 괜찮은 삼천만의 한 끼 식사 라면으로 해결해야겠다고 잠정 결론 내렸다. 이때 따르릉 전화벨이 울렸다. 보나마나 집사람을 찾는 전화겠지. 전화 받는 것도 귀찮다. 몇 번 울리다 안 받으면 그만 끊겠지. 무시하고 있으니, 이번에는 내 핸드폰이 요란하다. 아내다.

"여보, 당신 집에 있으면서 전화 왜 안 받아?"

"응, 그냥." 당신이 집에 빨리 안 들어와서 내 기분이 별로라는 것을 알아줬으면 좋겠다.

"여보, 배고프지? 잠시만 기다려 곧 들어갈게."

"알았어, 빨리 와." 웬일이다니? 밖에서 수다 떨다 보면 밥 때가 훌쩍 지나고 그러면 또 친구와 저녁 먹고 오기 일쑤인데….

아무튼 밥을 같이 먹자고 바로 들어온다고 하니 싫지는 않았다. 아니 기분이 좋았다. 밥에 김치를 먹더라도 가족이 함께 먹는 것이 좋으니까. 나는 에니어그램 성격유형상 배에서 에너지를 얻는 '장형(腸形)'이다. 에너지 원천이 지식인 머리형과 감동을 먹고사는 가슴형과 달리 장형은 먹는 것을 중요시한다. 거실 소파에 반쯤 누워 TV 리모컨을 만지작거리며 시간을 보냈다. 라면을 내 손으로 끓이지 않는 것만으로도 좋았다. 그런데 웬걸, 삼십 분이 지나고 한 시간이 다 되어 가는데도 빨리 온다는 아내는 감감 무소식이었다. '안산 시내 어디에서도 집까지 삼십 분이면 뒤집어 쓸 텐데.' 슬슬 짜증이 밀려왔다.

'이렇게 늦을 바에야 빨리 들어온다는 말이나 하지 말지. 그럼 혼자서라도 배고픔은 해결했을 텐데.' 늘어졌던 자세가 나도 모르게 꼿꼿하게 세워졌다. 눈은 TV화면을 바라보면서도 신경은 온통 현관에 가 있었다. 휴대폰을 할까 하다가 그만두었다. 이 상황에서 전화하면 좋은 소리가 안 나갈 것 같았다. 잠시 뒤, 아니 내 체감으로는 아주 많은 시간이 흐른 뒤 드디어 집사람이 들어왔다. 순간 반가우면서도 다른 한편으로는 화가 났다. 양가감정이 일어난 것이다.

"여보 미안해, 많이 늦었지?"

"아니, 이렇게 늦을 바에야 빨리 들어온다는 말이나 하지 말지. 왜 이렇게 늦은 거야?" 화부터 냈다. 우리는 흔히 문제가 해결되었을 때, 마음이 놓이면서도 그 감정은 너무 쉽게 한쪽으로 밀쳐버리고 짜증의 카드만을 꺼낸다. 이때 정말 의지를 발동해서, "많이 늦었네, 당신이 늦어서 화났었는데 이제라도 당신을 보니 마음이 놓인다"라고 표현한다면 얼마나 좋을까? 죽기 전에 이렇게 말하는 나 자신을 볼 수 있으려나?

짜증나는 속을 찬찬히 들여다보면 상대의 행동 때문에 짜증나는 것이 아니라 자신의 채워지지 않는 욕구 때문임을 알 수 있다. 결코 아내의 늦은 귀가가 짜증의 원인이 아니다. 밥 때를 놓쳐 배고픔을 채우지 못한 나의 욕구가 원인이다. 일상에서 우리의 화를 돋우고, 짜증나게 하는 것도 결국 따지고 보면 이와 마찬가지다. 자신의 채워지지 않은 욕구와 느낌을 인식하고 이것을 표현할 줄 아는 능력이 대인관계를 윤택하게 하는 한 비결이다.

관계코칭에서 주로 사용하는 기법 중에 '비폭력 대화 기법(Non Violent Communication)'이 있다. 이 대화 기법의 핵심은 자신 안에서 일어나는 욕구와 느낌을 인식하는 것이다. 이것은 코칭의 기본 전제인 자신의 현재 모습을 제대로 아는 것과도 일맥상통한다.

아내가 예상보다 늦게 들어오는 바람에 짜증이 난 내면을 들여다보면 다음과 같은 욕구와 느낌이 있는 것이 보인다. '아내와 함께 밥을 먹고 싶은 것'은 욕구이고, '지금까지 밥도 먹지 않은 채 기다리려니 짜증난다'는 것은 느낌이다. 이것을 인식한 다음 욕구와 느낌을 그대로 표현해주면 비폭력 대화가 성립된다. 예를 들어 "당신과 함께 밥 먹을 것을 기대했는데(욕구), 지금까지 기다리려니 짜증난다(느낌)"고 말하면 된다. 이렇게 표현한다면, 내가 하고 싶은 말은 충분히 다 하면서도(당신 때문에 짜증났어), 상대에게 상처를 주지 않는다. 말에 폭력이 묻어나지 않는 비폭력 대화가 되는 것이다.

그런데 욕구와 느낌은 한 마디도 표현하지 않은 채 다짜고짜 화부터 내면 상대에게는 폭력이 되어버린다. 그렇다고 해서 내 욕구가 채워지거나 상대가 내 욕구를 알아주는 것도 아니다. 나도 상대방도 얻는 게 없다. 자신의 욕구와 느낌을 분별하고 표현하는 이런 수준 높은 비폭력 대화를 일상에 계속 끌어들인다면 상처만 남기는 쓸데없는 말다툼을 크게 줄여나갈 수 있을 것이다.

아버지처럼 안 살 거야

며칠 전 연세코치연합회에서 주최하는 코칭세미나에 참석했다. 청소년 학습 코칭이 이날 주제였다. 강사는 청소년 코칭에 대한 필요성, 진행요령, 현장 경험 등을 설명하면서 무엇보다도 사랑의 표현으로 청소년 코칭을 적용하는 것이 좋겠다고 강조했다.

강의 중간에 자신의 설명을 뒷받침해줄 동영상을 보여주곤 했는데, 부모와 자녀의 관계를 다룬 영상이 매우 인상적이었다. EBS에서 제작한 '부모와 자녀와의 관계'를 다룬 역할극이었다. 12명의 어린이가 등장했다. 각자 엄마 아빠가 되어 자녀에게 어떻게 반응하는지 실험해보는 것이었다. 어른이 어린이 분장을 하고 무대에 올라왔다. 입이 퉁퉁 부어 있다. 가방을 소파에 던지며, "선생님이 정말 화나게 해, 우리 반장만 예뻐하고, 반장은 청소도 안 시켜!"

이런 아이의 행동에 아빠 역할을 맡은 어린이의 반응은 과연 어떨까? 콧수염을 붙이고, 몸에 맞지 않는 헐렁한 양복을 입은 어린이가 우스꽝스런 모습으로 자리에 앉아 있었다. 어떤 말이 나올지 그 입을 주목하는데, "네가 반장보다 못하니까 그렇지"라는 비판이 튀어나왔다. 실망스럽다. 그런데 이 말은 바로 우리 자신이 자주 쓰는 말이었다. 다시 다른 아빠 등장. 이 아이 역시 "너 그런 식으로 화내고 공부 제대로 안 하면 평생 못살아"라고 언성을 높였다.

다음 부류는 좀 나을까? "그럼 네가 반장이 돼봐." "선생님을 네가 기쁘게 해드리면 안 될까?" 등으로 설득하려고 했다. 설득은 비판보다 나을 것 같지만 그렇지 않다. 어린이 상담전문가의 조언을 들어보자. 부모가 어린이의 행동을 수용하는 데 있어서 비판과 설득 모두 어린이들에게 '나는 무능력하구나, 나는 나쁜 아이구나' 하는 생각을 심어준다고 한다. 어린 자녀의 마음에 상처를 입히는 것이다. 결국 자존감이 낮은 아이로 자랄 수밖에 없는 결과를 초래하고 만다.

아주 적은 소수만이 비판과 설득이 아닌 '공감'으로 반응했다. 화를 내고 들어오는 아이에게, "그랬구나, 맘이 많이 상했겠네"라고 마음을 읽어주는 것이었다. 이렇게 하면 금세 아이의 마음에 분노가 사라지고 평정심을 되찾게 된다. 감정이 누그러지고 이성을 찾은 다음 문제해결을 논의해도 결코 늦지 않다. 오히려 자존감에 상처를 주지 않기 때문에 건강하고 책임 있는 해결책을 스스로 찾아내게 된다고 한다. 이런 아이는 자연히 자존감이 높아지고, 아동기의 높은 자존감은 성인이 된 후에도 그대로 유지된다.

그리고 그 사람은 또 자신의 자녀를 자존감이 높은 아이로 양육

하게 된다. 즉 자존감이 대물림되는 것이다. 자신도 모르는 사이에 부모로부터 영향을 받고, 그것을 또 내 자식에게 그대로 물려주고 있다는 불편한 진실이 조금은 무섭기까지 하다.

지금은 고인이 되셨지만, 나는 어렸을 적부터 부친의 사랑을 듬뿍 받았다. 다만, 당시에는 그것이 사랑이 아닌 구속과 간섭으로 느껴져 때때로 반항도 하곤 했었다. 아버지 입장에서는 자식을 사랑하는 마음으로 그렇게 하셨지만, 그것을 받은 입장에서는 사랑으로 느껴지지 않았다. 그래서 세상 사람들은 종종 '사랑은 주는 쪽이 아니라 받는 쪽의 입장에서' 주어야 한다고 말하는가 보다. 세월이 흘러 이제 내가 부모가 되어 그때를 떠올리면 아픈 추억이 되살아난다. 아버지만의 외골수적인 사랑방식에 힘들어하던 어린아이가 보이기 때문이다.

어릴 적 우리 집 형편은 늘 쪼들리고 어려웠다. 아버지는 공부에 욕심이 있었으나 집안사정과 할아버지의 고집으로 중학교를 중퇴하셨고, 서툰 농사일에 치여 있었다. 증조 때부터 무너진 가세는 아버지에게 큰 빚을 안겼다. 가을에 거둬들인 쌀 중 대부분을 남의 집에 가져다주는 것이 어린 나로서는 잘 이해되지 않았다. 빚을 갚기 위해 그렇게 할 수밖에 없었다는 것을 깨닫게 된 것은 한참 뒤였다. 먹을 것도 넉넉하지 못한 가운데 육남매를 키워냈으니, 생활고의 부담이 늘 아버지의 어깨를 짓눌렀을 것이다. 그래서 그런지 부친은 매사에 인색했다. 꼭 써야 할 상황에서도 지갑을 굳게 닫고 열지 않았다.

지금 생각해보면 아버지의 이런 생활태도 때문에 그나마 우리 집 가계가 유지되었던 것이 아닌가 하는 생각도 들지만, 그래도 사람 사는 것이 그렇지 않았다. 옆에서 바라보는 어머니의 마음은 무너지기 일쑤였고, 자식들 마음에도 크고 작은 상처가 생겼다. 가족 간의 일은 그나마 나았다. 가족의 경계를 넘어 다른 사람에게까지 확장되면 부끄러운 마음에 고개를 들지 못했다. 그런데도 당사자인 아버지는 오히려 뭐가 문제냐고 당당했다.

한번은 이런 일이 있었다. 학교를 졸업하고, 그토록 바라던 은행에 취직하게 되었다. 사회생활을 하기 위해서는 양복이 필요했다. 양복점에 찾아가 옷을 맞추었다. 당연히 아버지께서 기쁜 마음으로 해주실 것으로 기대했다. 그러나 아버지는 여기서도 인색하게 구셨다. "이제 너도 돈을 벌게 되었으니 네가 알아서 하라"는 것이었다. 아버지 친구였던 양복점 주인아저씨도 아버지의 이런 태도에 어안이 벙벙해했다. 손에 돈이 없는 나는 하는 수 없이 외상으로 양복을 맞췄다. 후에 월급으로 양복 값을 갚아나가면서 속으로 다짐했다. '나는 절대 아버지처럼 안 살 거야.'

그런데 아버지처럼 살지 않겠다고 다짐한다고 해서 그렇게 되는 것이 결코 아니었다. 어느새 내 안에도 아버지의 인색함이 그대로 자리 잡고 있었다. 생활 속에서 나도 모르게 이런 태도가 나오는 것을 발견하는 일이 그리 어렵지 않았다. 아내는 명절이나 오랜만에 친척을 방문할 때면 꼭 선물을 준비한다. 바빠서 미처 선물을 준비하지 못할 때면 현금 봉투를 마련해서 내게 전달하도록 건넨다. 도대체 얼마나 들었는가 하고 봉투를 확인하면 대체로 내가 생각했던 것보다 많았다. 이때 나는 봉투 속의 돈 일부를 빼내고 싶다는 강한 유혹을 느낀다. 베풀지 못하고, 자기 것만 챙기는 짠돌이의 모습이 영락없이 보이는 순간이다. 싫지만, 보고 자란 아버지의 인색한 삶의 태도가 어느새 내 안에도 자리 잡고 있었던 것이다.

최근 인기를 얻고 있는 소설《7년의 밤》을 읽으며 아버지와 자식의 관계를 다시 한 번 생각해보았다. 최서원은 살인자 최현수 아들이라는 멍에를 안고 자신의 의지와 달리 세상을 등진 채 살아간다. 서원이 겪는 폭력의 아픔은 그의 아버지 최현수, 또 그의 조부인 최 상사(월남 파병 군인이었음)로부터 연유되고 있었다. 이를테면 폭력의 대물림이었다. 소설 속에 등장한 삼대가 폭력이라는 굴레에서 벗어나지 못하는 모습이 안타까웠다.

어린 시절이 지나면 우리는 누구나 아버지로부터 독립한다. 나이 든 아버지로부터 독립했다고 해서, 아버지의 영향에서 완전히 벗어났다고 할 수 있을까? 오히려 사는 동안 아버지로부터 물려받았던 보이지 않는 어떤 영향력이 두고두고 족쇄처럼 따라다니는 것을 본다.

소설의 종반부에 최현수는 자신이 저지른 살인으로 가족의 삶이 온통 엉망으로 변해버린 상황 앞에서 절규한다. 프로야구 2군 포수로서 꿈을 꾸었던 시절이 있었고, 아내를 맞아 단란한 가정을 이루고 눈에 넣어도 아프지 않을 아들을 얻었는데, 순간의 실수로 모든 것이 물거품이 되어버렸다. 그렇다면 이 '순간의 실수'는 우연일까, 아니면 운명처럼 꼭 오고야 마는 필연일까? 저자는 이것을 잠재된 폭력의 희생이라고 그리고 있었다. 살인의 폭력 앞에 처절하게 무너진 최현수가 거울에 비친 자신의 얼굴을 보면서 이렇게 독백하는 장면이 나온다. '최 상사였다. 동시에 현수 자신이었다. 그러나 아버지 작품은 아니었다. 자신의 작품이었다. 거울 속에서 아버지가 이죽거렸다. 절대로 애비처럼 안 산다며? 살아보니 넌 별수 있든?' 아버지의 심한 매질에 시달렸던 아들은 절대 폭력은 사용하지 않겠다고 다짐했지만, 자신 또한 폭력을 사용하는 모습에서 아버지를 본 것이다.

많은 사람들이 다짐한다. 나는 내 자녀한데 우리 아버지처럼 하지 않겠다고. 그런데 이것은 다짐처럼 쉽지 않다. 일단 앞서 얘기했듯이 성품, 태도, 가치관 등 부모의 모습은 그대로 자녀에게 대물림된다는 것을 인정하자. 문제를 인정하지 않는 것은 대면이 두려워서 회피하는 것이다. 회피는 문제를 덮어놓을 뿐 시간이 간다고 해서 해결되지 않는다. 언젠가는 더 큰 문제로 폭발하게 된다.

인정한 다음에는 문제를 해결할 수 있는 방법을 찾아보자. 자신이 인정한 만큼 내면을 들여다보면 해결책도 보이게 마련이다. '문제가 있으면 답도 있기' 때문이다. 코칭에는, 일단 문제를 파악하면 답은 반드시 따라오게 되어 있다는 확신이 있다.

'온유한' 내 안에 '분노'가 많다고?

처음으로 나에게 온유하다고 말해준 사람이 있었다. 지금은 손 놓은 지 오래되었지만 한때 직장선교대학 간사활동을 했었는데, 그때 훈련생 중 한 명이 그랬다. 덩치가 유난히 크고 후덕해 보이는 모 저축은행 과장이었다. 훈련시간에 늦지 않으려고 땀을 훔치며 가쁜 숨을 몰아쉬고 뛰어오던, 참으로 열심을 내던 사람이었다. 소정의 훈련기간이 끝난 뒤에는 내게 몽블랑 볼펜을 선물로 주었는데, 하얀색 몽블랑 로고가 선명하며 묵직하고 필기감이 부드러운 볼펜을 쓸 때면 그 사람이 생각난다. 훈련 도중 그 사람은 나를 부를 때면 "온유한 간사님, 온유한 우리 간사님"이라고 했었다.

나는 이렇게 불러주는 것이 싫지 않았다. 아니 오히려 내심 기뻤다. 성경에도 '온유한 자는 복이 있나니 땅을 기업으로 받을 것이요'라고 하며 팔복 중의 하나로 언급되어 있는데, 그 온유함이 내게 있다니 하는 생각으로 뿌듯했다. 한두 번 이 소리를 듣다 보니, 내 마음 속에서는 이런 작용이 일어났다. '내가 온유한 사람이라고, 짜식, 보는 눈은 있어가지고, 내가 온유한 사람인 줄 어떻게 알았지? 잘 봤다. 네 말대로 나는 온유한 사람이야.' 그리고 여기서 한 발 더 나아가 스스로 나는 온유한 사람으로 태어났고, 그렇게 될 수밖에 없는 사람이야 하는 근거를 찾아 무장하고 있었다. 그 근거로 너무도 비합리적인 이유를 갖다 붙였다. '내 이름에 '유'자가 있는데 말이야, 이 '유'자가 부드러움을 상징하고 있어' 하는 식이었다.

그런데 이게 웬일인가? 내내 나는 '온유한 사람'인 줄 알았고, 또 그렇게 생각하며 행동하려고 애쓰고 있는데 그게 아니란다. 내 안에 분노가 많단다. 숨겨진 감정 중 화가 제일 많다는 것이었다. 에니어그램을 통해 본 성격유형의 진단결과, 나는 1번 타입으로 나왔는데 1번 타입의 숨은 격정은 분노였다. '내 안에 분노가 많다고?' 잘 납득되지 않았다.

에니어그램은 사람을 9가지 성격으로 분류하는 성격유형 지표로 1920년대 러시아의 구르지예프에 의해 처음으로 소개되었다. 희랍어의 9를 뜻하는 에니어(ennear)와 도형을 뜻하는 그램(gram)의 합성어로, 에니어그램은 원과 삼각형, 헥사드로 구성되어 있다. 사람의 에너지가 어디서 오느냐에 따라 장형(1, 8, 9번 형), 가슴형(2, 3, 4번 형), 사고형(5, 6, 7번 형)으로 나누고, 다시 장형은 1번 개혁가, 8번 도전자, 9번 평화주의자 순으로 구분한다.

에니어그램은 성격유형을 구분하는 MBTI, DISC와 같이 어느 유형에 속하든 우수나 열등, 옳고 그름의 문제가 아니며 단지 나와 타인이 다르다는 것을 인식하는 도구로 사용하도록 권하고 있다. 다른 도구에 비해 에니어그램이 독특한 점은 사람들이 기피하는 성격, 숨은 격정 등 열등하고 부족한 부분을 강조하고 이를 해결하여 성숙한 과정으로 나아가는 것에 상당한 부분을 할애하고 있다는 것이다. 1번 유형은 대체로 완벽주의를 추구해 스스로 정한 틀을 지키는 타입이다. 남 앞에서 화를 내는 것 또한 완벽을 해치는 것이기 때문에 옳지 않다고 간주한다. 그래서 화를 낼 수밖에 없는 상황에서도 화를 내지 않고 참아버린다고 설명하고 있다. 정말 이 설명이 맞는 것일까?

얼마 전에 있었던 일이다. 나는 운동을 좋아해서 기회만 되면 동네 운동장에 나가 경기를 즐겨 한다. 경기를 할 때면 정족수가 채워져야 하는데 사람이 부족할 때가 종종 있다. 이럴 때는 동호회 명단을 보고 무작위로 전화를 걸어 호출한다. 되는대로 전화를 걸어가다가 문득 마음에 걸리는 사람이 있었다. 예전에 한두 번 게임을 했던 사람인데 승부욕이 강해 경기 중 판정시비를 일으켰던 일이 기억났다. 그냥 통과했다. 그런데 나중에 이 일이 불거졌다. 자신을 빼고 운동을 한 것을 알게 된 것이다. 처음에는 단지 서운함을 표하는 정도에서 출발한 것이 나중에는 크게 화를 내는 수준까지 발전되고 말았다. 적잖이 당황스러웠다. 내가 한 일이 그렇게 화를 낼 만한 일인지 잘 이해되지 않았다. 진정되지 않는 속을 억지로 누그러뜨리려고 애를 썼다.

생각할수록 화가 난다는 것은 이 같은 상황을 두고 하는 말인가 싶다. 그때 겉으로는 조용히 입 다물고 있었지만, 나에게 그렇게 퍼부은 사람에게, 또 정당하게 대응하지 못한 나 자신에게 분노가 일었다. 떨쳐버리려고 노력해도 자꾸만 찰거머리처럼 안으로 파고 들어왔다. 괴로웠다. 화가 났다. 나도 찾아가 똑같이 되갚아주고 싶다는 마음이 올라오곤 했다. 어떤 식으로 말을 해서 분풀이를 할까 하고, 해야 할 말까지 구체적으로 생각하고 있는 자신을 발견하고는 깜짝 놀랐다.

며칠 후 비가 내리는 퇴근길에 승용차를 운전하는데, 또다시 그 일이 생각났다. 며칠 밀린 숙제를 하지 못한 학생처럼 뒤가 개운하지 않았는데, 어느 순간 내 입에서 큰소리가 터져 나왔다. "이 나쁜 놈아, 네가 잘났으면 얼마나 잘났냐?"

순간 내 소리를 누가 들었을까봐 심히 걱정되고 부끄러웠다. 더워서 조금 열어놓았던 차창을 급히 올렸다. 한 마디 터지자, 내 안에서 억눌렸던 감정이 봇물처럼 밀려 나왔다. 다시금 이를 누르려다가 그만두었다. 내 속에 '화난 아이'가 말하고 싶은 대로 놔두었다. 억울하고, 힘들고, 화나고, 되갚아주고 싶은 것들을 몽땅 내뱉었다. 스스로 놀랐다. 내 안에 이런 분노와 억울한 감정이 있었다니. 한참을 쏟아내고 났더니 마음이 한결 가벼워졌다. 그동안 짓누르고 있던 커다

란 바위가 사라진 것만 같았다. 입가에 엷은 웃음이 번졌다. 이제 어쩌면 그 사람을 편한 마음으로 볼 수 있을 것 같았다.

이 일로 인해 나는 나의 또 다른 면을 분명히 알게 되었다. 나는 결코 온유한 사람이 아니었다. 안에 숨은 분노가 있는 사람이었다. 분노를 적절히 다루지 못하면 언제든 화산처럼 폭발하고 말 그런 위인이었다. 겉으로는 화가 나지 않는 것처럼, 괜찮은 것처럼 꾸몄지만, 안으로는 그렇지 못했다. 화를 내는 것은 옳지 않아 보였고, 또 내가 만일 화를 낸다면 그동안 쌓아왔던 온유하다는 명성이 하루아침에 무너질 것이라는 걱정이 있기 때문이었다.

그러나 이에 따른 대가는 생각보다 컸다. 분노를 안으로만 쌓아놓다 보니 속사람은 건강하지 못했다. 억눌리고, 잔뜩 골이 나 있었다. 진정 온유한 사람은 겉과 속이 모두 부드러운 사람일 것이다.

남이 보는 나와 진정한 나는 얼마든지 다를 수 있다. 중요한 것은 진짜 나의 모습을 파악하고 인정하는 것이다. 일단 알고 있다는 것만으로도 잘못된 길에 빠질 위험을 대폭 줄일 수 있다. 자신을 아는 방법은 여러 가지가 있다. 스스로 탐색해서 알아가는 것이 기본이겠지만, 이 방법이 여의치 않을 때에는 여러 가지 심리 및 검사도구를 이용하는 것도 좋은 방법이다. 시중에 나와 있는 심리검사 도구에는 앞서 소개한 에니어그램이나 MBTI, 그리고 DISC 검사 등이 있다. 이 중 한 가지를 선택하여 자신의 성향이 어떤 것인지를 알아두면 보다 윤택한 삶을 사는 데 도움이 된다. 구체적인 문제 상황에 부딪혔을 때 마음에서 일어나는 생각의 변화가 자신의 어떤 성향으로 인해 발생되는 것인지 알 수 있기 때문이다.

좋은 습관은 자발성에서 시작된다

#장면1

재수를 시작한 아들은 공부한다고 제 방에 들어갔다. 그 방에는 책상과 컴퓨터가 놓여 있다. 이른바 인터넷 강의를 위해 컴퓨터가 필요하다고 해서 설치한 것이다. 전에도 컴퓨터 때문에 말썽을 일으킨 적이 종종 있었기에 이번에는 아예 컴퓨터와 공부하는 책상을 따로 분리하기로 했다. 대신 인터넷 강의에 컴퓨터가 꼭 필요하다는 것과, 인강(인터넷 강의) 외에는 스스로 컴퓨터를 끄고서 공부에 전념하겠다는 아들의 다짐을 받고서 그렇게 했다. 아들의 다짐을 너무 쉽게 믿었나?

이렇게 한 지 채 일주일도 되지 않아서 아내와 아들은 또다시 컴퓨터 사용 건으로 언쟁이 붙었다. 인강이 끝난 시간이었는데 밖에서 들으니 마우스를 클릭하는 소리가 한참이나 들렸다는 것이다. 또 방에 들어가면 컴퓨터 화면을 급히 내린다는 것이다. 이런 상황에 미루어 아내는 아들 녀석이 하라는 공부는 안 하고 컴퓨터에 빠져 있다고 공격한다. 아들은 그때도 인터넷 강의 때문에 컴퓨터를 켜놓을 수밖에 없었다고 항변하거나, 컴퓨터를 통해 음악을 들었을 뿐 공부하고 있었다고 소리를 지른다.

장면2

주일 오후 예배를 마친 다음 집에서 점심을 들고 나면 나른함이 밀려온다. 무심코 켠 TV에서는 지난주에 방영했던 인기 드라마를 두 편씩 묶어 재방하고 있다. 볼 만하다 싶어 눈과 귀를 화면에 고정시키다 보면 어느새 소파에 몸이 반쯤 눕는다. 창밖은 이제 막 겨울의 묵은 때를 벗어낸 듯 따사로운 햇살이 밝게 비치는데 눈꺼풀은 점점 무거워진다. 벌써 춘곤증인가? 이를 이겨보려고, 아내에게 하는지 아니면 나 자신에게 하는지 분명치 않은 목소리로 가까운 불암산에 산책이라도 나가자고 한다. 그런데 이 제안은 30분만 더 있다가 가자는 소리에 그만 뒷전으로 밀린다. 정작 30분이 지난 뒤에는 다시 조금만 더 쉬자며 자신을 달랜다. 급기야 귀찮게 밖에 나가서 산책할 일 있느냐고, 생활 속에서 운동하면 되지 않겠느냐고 스스로 합리화한다. 이쯤 되면 몸은 소파에 아예 드러눕는다.

장면3

어머니 손에 이끌러 코칭을 받으러 온 J는 입이 부어 있었다. 표정도 무거웠고 코치와 시종 눈을 맞추지 않았다. 비스듬히 의자에 걸터앉아 벽만 뚫어지게 쳐다보았다. 마치 벽지 그림을 하나하나 분석하고 그것을 쫓아가는 것만 같았다. "지금 무엇이 가장 힘드니?" 어렵게 말을 떼자마자, 돌아오는 반응은 예상대로 차가웠다. "없어요."

질문에 대한 대답의 속도 또한 매우 빨랐다. 이는 질문을 듣고서 내용을 이해하고 자신의 내면에서 소화한 다음 적절한 답을 하는 과정을 거치지 않았다는 반증이다. 당신의 질문 따위 들을 필요도 없고 내가 하고 싶은 말만 하겠다는 심사인 것이다. 대체로 불만이 가득하거나 자신의 생각이 없는 사람의 반응은 이렇게 속사포마냥 빠르다.

이럴 땐 전적으로 코치의 용기가 필요하다. 일반적인 대화 과정에서는 이 한 마디로 대화의 문이 닫히고 말지만 그래도 코칭을 받으러 온 만큼 어떻게든 진행시켜봐야 한다. "그렇구나." 일단 J의 말에 공감해준 다음, "그럼 어떻게 코칭을 받으러 이 자리에 오게 되었지?" 하고 질문했다. 처음 대답과 거의 같은 속도와 음색으로 "그냥요, 엄마가 한번 가보라고 해서"라고 대답할 뿐이었다.

사람은 어떤 일이 유익하다고 해도 편함을 추구하려는 속성 때문에 쉽게 행하려 하지 않는다. 바람직한 행동을 실천하기 어렵고 그 행동이 모여서 습관이 되기까지는 지난한 과정을 통과해야 한다. 좋은 습관 만들기는 탑을 쌓아 올리는 것 같고, 그것이 허물어지는 것은 순간인 것 같다.

　일전에 읽었던 《세로토닌하라!》는 책에 이런 설명이 있다. 인간의 뇌에는 전두엽과 해마, 편도체 등이 있다고 한다. 전두엽은 이성적인 판단을, 해마는 기억을, 편도체는 본능을 관장하는 역할을 한다. 그래서 어떤 행동을 하고자 할 때 전두엽에서 '그래 한번 해보자' 하고 명령을 내리면, 해마는 즉시 기억 속에 유사한 행동을 했던 사례가 있는지 찾아서 성공과 실패를 주인에게 알려준다. 편도체는 동물적인 뇌로서 '귀찮게 그런 일을 뭐하려 하느냐'며 딴지를 건다고 한다. 문제는 이 전두엽과 편도체가 갈등을 일으키면 통상적으로 편도체가 이긴다는 것이다. 즉 본능이 이성을 굴복시키고 만다는 것이다.

　여기서 벗어나는 길은 첫째, 동물적인 뇌인 편도체가 우리 머릿속에 있다는 것을 인식하는 것과, 둘째, 이 편도체를 잘 다독여 딴지를 걸지 않도록 해야 한다는 것이다. 전두엽과 편도체가 갈등을 일으킬 때(유익한 행동을 놓고서 우리 속에서 할 것이냐 말 것이냐 싸울 때), 이 갈등을 조정해주는 호르몬이 필요하단다. 세로토닌이 바로 이 갈등조정용 호르몬이다. 그래서 일상 속에서 세로토닌이 활발하게 분비되도록 살아가는 것이 좋다고 강조하고 있다. 걷기와 씹기와 같은 기본적인 행동과 명상이나 감동이 세로토닌 분비에 도움이 된다고 한다.

　변화와 성장을 강조하는 코칭에서도 개인의 자발성을 강조하고 있다. 사람과 동물의 다른 점이 많은데 그중의 하나로 자발성이 있다. 동물을 훈련시키면 어느 정도까지는 일정 행동을 하게 할 수 있다. 돌고래, 원숭이, 코끼리 쇼가 그런 것일 것이다. 제주에서 보았던 흑돼지 쇼도 같은 부류다. 먹이를 위해 상당히 고난도의 구름다리도 마다하지 않고 달려가는 흑돼지를 보면서, 먹을 것에 대한 욕구가 이런 행동을 만들었구나 하는 생각이 들었다.

사람은 다르다. 당근이나 채찍으로 조금은 바뀔 수 있을 것이다. 그러나 제대로 된 변화를 이루려면 그 변화의 밑바탕에 자발성이 있어야 한다. 재수하는 아들이 컴퓨터 사용을 자제하고 공부에 열중하려면 부모의 통제도, 컴퓨터와 공부하는 책상을 분리하는 환경도 아닌 아들 녀석 자신의 자발성이 필요하다. 또 아내와 내가 주일 오후에 낮잠의 유혹을 물리치고 운동하기 위해서도 마음으로부터 우러나오는 자발성이 있어야 한다. 그렇다면 이런 자발성은 어디서 오는가? 깨달음에서 온다. 운동이 건강에 얼마나 도움이 되는지를 깨닫는 순간 자발성은 오지 말래도 온다. 공부 또한 그렇지 않겠는가? 그런데 어머니 손에 억지로 끌려온 J와 같이 자발성이 없다면 아무리 도움을 주려 해도 본인에게는 이득이 되지 않는다.

최근 의학계에서 발견된 다이돌핀(didorphin)이라는 호르몬은 우리가 익히 알고 있는 엔돌핀의 4,000배에 달하는 효과가 있다고 한다. 이 다이돌핀이라는 호르몬은 내적, 외적으로 즐거운 감동을 받을 때 인체에서 생성된다고 한다. 예를 들어 스스로 전혀 새로운 사실을 깨달았을 때나 심금을 울리는 감상적인 노래를 듣거나 아름다운 풍경을 바라보면서 감동을 받을 때 생긴다고 한다.

코칭이 지향하는 것은 변화와 성장이다. 그중에 변화는 자각과 한 묶음이라고 설명할 수 있다. 원인과 결과의 관계로 같은 선상에 있는 것이다. 변화라는 눈에 보이는 결과가 일어나기 위해서는 자각이 있어야 한다. '아하!'라고 자신의 무릎을 치는 깨달음의 순간이 있고 난 다음에 변화가 따라오게 되는 것이다. 예전에 미처 보지 못했던 새로운 사실을 깨닫는 그 순간 우리 몸속에서는 다이돌핀이 생성되는 것이다.

이렇게 생성된 다이돌핀은 우리 몸의 면역체계에 강력한 긍정적인 작용을 일으켜 건강에 도움을 준다. 건강은 누구나 인정하듯이 행복을 결정하는 중요 항목이다. 이처럼 코칭이 깨달음을 얻게 해주고 이것이 다이돌핀이라는 호르몬을 만들게 해주어 우리 몸을 건강하게 해준다면, 궁극적으로 코칭은 행복으로 가는 지름길이 된다.

거울 들여다보기

사무실 책상 컴퓨터 모니터 오른쪽 위 모서리에는 둥글고 작은 거울이 달려 있다. 지름이 약 5센티미터 정도이고 검은 테두리가 있는 이 거울은 내가 이 자리에 오기 전부터 있었다. 볼록이어서 사물이 멀리 보이고 거울의 면적보다 훨씬 넓은 구역이 잡힌다. 전임자는 사무실에 들어오는 사람이 누군지 알고자 이것을 붙여놓았다고 내게 알려주었다. 그러나 나는 이 거울을 다른 사람보다는 내 얼굴을 보는 일에 더 자주 사용한다.

한창 바쁘게 일할 때는 거울이 전혀 눈에 들어오지 않지만 한가할 때면 '여기 거울이 있었지' 하는 마음으로 다시 쳐다보게 된다. 손가락을 빗 삼아 머리도 만져보고 얼굴 표정을 찬찬히 뜯어보기도 한다. 어쩌다가 주위 사람들에게 내 표정에 대해 한마디 말이라도 들은 날은 더욱 자주 거울을 보게 된다. 이를테면 "요즘 좋아 보이네요"라는 얘기를 들으면 거울 속 모습을 보면서 내 얼굴이 정말 좋은가 하고 살펴본다. 반대로 어두워 보인다고 하면 또 정말 그런지, 얼굴의 어떤 표정이 어둡게 하는지를 어떻게든 찾아보려고 노력한다.

코칭의 역할을 비유적으로 설명하면 크게 '거울'과 '마중물'이라고 표현할 수 있다. 피코치의 내면에 무엇이 있는지 그대로 비쳐주는 것이 거울의 역할이고 내면에 있는 잠재능력을 활용할 수 있도록 밖으로 이끌어내는 것이 마중물의 역할이다. 코치가 거울의 역할을 잘 하려면 먼저 코치 자신의 마음이 깨끗해야 한다. 거울에 때가 묻지 않고 굴절되거나 뒤틀림이 없어야 한다. 그래야 왜곡됨 없이 피코치의 모습을 있는 그대로 되비쳐줄 수 있다. 그러기 위해서는 상대방을 비추기에 앞서 자기 자신을 자주 거울에 비쳐보는 것도 좋은 방법이 될 것이라고 생각된다.

그래서 나는 가능한 자주 거울을 바라본다. 그러면서 이왕이면 다홍치마라고 거울에 비친 얼굴 표정을 좋게 만들려고 노력도 한다. 좋은 표정이란 한마디로 웃음 띤 얼굴이다. 웃는 얼굴은 우리의 눈과 입이 웃으면 가능하다. 사실 얼굴에 있는 기관 중 우리가 스스로 움직일 수 있는 것이 또 바로 눈과 입이다. 얼굴 전체의 표정으로 잘 알 수 없을 때는 눈과 입을 따로 분리해서 보면 더 정확하다고 한다. 먼저 입을 가리고 눈만 바라보면 과연 정말 환하게 웃는지를 알 수 있다. 입은 눈을 가리고 볼 수도 없거니와 웃는 것과 화난 것을 곧바로 구별할 수 있으므로 별로 어려움이 없다.

그런데 이 방법으로도 좋은 표정을 분간하기 어려울 때는 순수한 어린이의 눈을 이용해보는 것도 좋다고 한다. 그러니까 서너 살쯤 먹은 낯선 아이와 눈을 맞추었을 때 그 아이가 웃으면 좋은 얼굴, 웃던 아이가 표정이 없어지면 보통 얼굴, 오히려 울어버리면 나쁜 얼굴이라는 판정을 받는 것이다. 나는 아이들과 눈을 맞추어보지는 않았지만 스스로 얼굴 표정을 살펴보면 양쪽으로 처진 입술이 맘에 안 든다. 이런 모습으로 피코치를 바라본다면 과연 깨끗한 거울이 될 수 있을까? 스스로에게 물어보면 자신이 없다. 표정이 맑고 편안하지 못하여 얘기하기도 어려울 것 같고, 설사 얘기를 꺼내놓아도 깨끗하게 비쳐주는 거울은 더더욱 되지 못할 것 같다. 입술 끝이 좀 올라갔으면 좋겠다. 입을 크게 벌리고 웃어보아도 그냥 한일자로 옆으로만 벌어질 뿐 입 꼬리가 여간해서 올라가지 않는다. 환하게 웃는 모습은 입 끝이 올라가는 것이라는데, 검지손가락으로 처진 입술을 올려본다.

어제 저녁 4호선 지하철을 타고 퇴근하는 길에 건너편에 앉아서 손거울을 들여다보는 아가씨 모습을 한참 쳐다보았다. 그 사람은 주위의 시선에 아랑곳하지 않고 눈도 깜박거려보고 또 입술도 오물거리면서 거울을 열심히 들여다보고 있었다. 저 아가씨가 예쁜 얼굴을 꿈꾸고 있다면 나는 좋은 얼굴, 웃는 얼굴을 그리고 있다. 그리고 좋은 표정과 더불어 마음의 굴곡을 없애려고 자주 거울을 들여다본다. 보이지 않는 마음의 때를 없애는 것이 결코 쉽지 않지만 보이는 거울 속의 얼굴 표정을 자주 보면 조금씩이나마 깨끗함에 가까워 지리라고 생각된다. 그리고 자주 거울을 봄으로써 자신의 내면과 더 자주 대화하고 내면의 웃음과 긍정의 힘도 줄 수 있다는 것은 덤으로 얻는 보너스다.

웃음은 자신을 치료하는 묘약이고 웃는 얼굴은 타인에게 주는 친절이다. 설령 웃을 일이 없을 때라도 웃으면 그것 자체만으로 좋다고 한다. 피코치와의 만남이 서먹하여 대화가 진전되지 않을 때 한 번의 웃음은 윤활유와 같은 역할을 해준다. 어떤 것이라도 코치와 피코치가 함께 공감하고 한 번 웃게 되면 다음 진행은 훨씬 수월해진다. 코치의 표정에 웃음이 있다면 그 웃음은 자연스럽게 피코치에게 전해진다. 조금은 어둡고 무거운 소재의 대화라 할지라도 코치의 밝은 표정으로 인해 피코치의 마음이 가벼워질 수 있을 것이다.

그리고 또 이렇게 생각해볼 수도 있다. 미소는 일이 긍정적으로 풀리게 한다. 이런 얘기가 있다. 외판사원들 가운데 유독 실적이 좋은 사람이 있었다. 사장이 그를 불러 좋은 성과를 올리는 비결이 무엇이냐고 물었다. 그러자 그는 웃으며 대답했다. "저는 상품을 팔기 위해 남의 집을 방문했을 때 그 집 문 앞에서 제가 결혼했을 때의 행복했던 순간을 떠올리며 기쁜 얼굴로 초인종을 누릅니다." 가장 행복했던 순간의 미소가 좋은 판매실적을 올리는 비결이 된 것이다.

배달된 아침 신문을 펼쳐보니 초등학교 아이들이 손가락으로 입꼬리를 잡고 올리면서 환하게 웃는 모습이 실려 있었다. 신문기자는 이 사진을 보면서 독자들이 한 번이라도 웃었으면 하는 마음으로 실었을 것이다. 그래서 웃음의 효과가 잔잔하게 퍼져 나가기를 바랐을 것이다.

아침이면 면도하기 위해 거울 앞에 선다. 예쁠 것도 없고 또 그렇다고 새삼스러울 것도 없는 얼굴이지만 매일 그 얼굴을 본다. 얼굴은 나의 마음을 비추는 창이라고 한다. '오늘 나는 내 마음의 무엇을 이 얼굴을 통해 다른 사람에게 보여줄 것인가?' 하고 스스로에게 질문해본다. 가만히 생각해보면 얼굴은 내 얼굴이지만 이것을 보는 사람은 내가 아니라 다른 사람이기 때문이다. 거울을 통해 보는 것 말고는 항상 다른 사람이 내 얼굴을 본다. 누구나 있는 눈, 코, 입 모두 다 있는 얼굴인데도 사람마다 제각각 얼굴 모습이 다르다. 뿐만 아니라 같은 사람도 시시때때로 그 느낌과 모습이 다르니 이 조화 속이 참 재미있다. 면도를 하기 위해 선 욕실의 거울 앞에서나, 사무실의 작은 볼록 거울 앞에서나, 항상 거울을 볼 때마다 얼굴의 표정에 드러난 내 마음의 기분은 어떤지 보려고 한다. 그러면서 눈웃음도 지어보고 입 꼬리도 올려본다.

'안에 있는 대로 밖으로 표출된다'는 상응의 법칙이 있다. 외부세계는 내부세계를 보여주는 거울이라는 것이다. 따라서 사람들의 외부로 드러나는 것을 통해 그들 안에서 무슨 일이 일어나고 있는지 알 수 있다. 이 상응의 법칙을 이용하여 웃음과 우리 내면의 생각을 상응시켜보면 어떨까? 안으로 좋은 생각을 하여 웃어보는 것이다.

또 만일 좋은 것들이 떠오르지 않는다면 이번에는 먼저 소리 내어 웃어봄으로써 내면에 좋은 것들을 심어보는 것이다.

반드시 실행해야 하는
'희한한' 숙제

10시가 넘어선 늦은 저녁, 집에 들어서는 아들 녀석의 어깨가 축 처져 있었다. 누구도 피해갈 수 없는 치열한 입시 전선의 한복판에 서 있는 아들의 얼굴엔 피로가 잔뜩 쌓여 있었다.

"오늘도 공부하느라 수고 많았지?"

평소에 하지 않던 말이라 닭살 돋지만 내 딴에는 용기를 냈다. 그리고 처진 어깨를 안으려고 가까이 다가갔다. 아들은 이런 태도가 낯선지, 소 닭 보듯 했다. '아빠, 오늘 뭐 잘못 먹었어요?'라고 생각하는 것 같았다.

아들 녀석은 무뚝뚝함의 대명사였다. 초등학교 다닐 때까지만 해도 귀엽고 살가운 구석이 제법 있었는데, 얼굴에 여드름이 한두 개 보일 때쯤부터 바뀌었다. 가까이 다가가면 물러서고, 대화 좀 하려고 무엇인가 물으면 영락없이 돌아오는 대답은 "몰라"였다. "너는 도대체 아는 말이 몰라 밖에 없니?"라는 말이 목구멍까지 올라왔다.

한번은 이런 적도 있었다. 핸드폰을 마련한 지 얼마 되지 않았을 때, 아들 녀석에게 뻔질나게 문자를 날렸다. '집에 빨리 들어와라, 지금 어디니? 학원 갈 시간이다' 등등의 행동을 요청하는 메시지가 대부분이었지만 가끔은 녀석을 격려하는 문자도 보냈다. 그런데 나의 이런 끊임없는 구애에도 녀석은 무반응이었다. 시쳇말로 내가 보낸 문자를 몽땅 씹었다.

그러던 어느 날 아들로부터 답이 왔다. '드디어 녀석이 나의 사랑에 반응하는가 보다'라는 생각이 들어 어찌나 기쁘던지. 젊은 시절 연애할 때 처음 받아본 사랑의 메시지를 확인하는 기분이었다. 무슨 내용인지 궁금하고 또 궁금해서 핸드폰을 열어보니, 'ㅇㅇ' 달랑 동그라미 두 개뿐이었다. 이게 무슨 뜻인지 도무지 해석이 안 되었다. 그렇다고 아들 녀석에게 네가 보낸 문자가 무슨 뜻이냐고 되묻는 것도 체면이 서지 않았다. 아내는 알까 하고 물었으나, 모르기는 마찬가지였다. 급기야 팀의 젊은 조사역이 그 동그라미 두 개의 뜻은 '응응'이라고 알려주었다. 그렇구나. 10대의 아들 녀석하고 대화하기 참 어렵다는 생각이 들었다.

일전에 '어두움을 탓하기보다는 작지만 내가 먼저 촛불 한 자루를 밝혀나간다'는 정신이 맘에 들어 크리스토퍼(그리스말로 구세주를 품은 자〈Christ - bearer〉) 리더십 센터에 나간 적이 있었다. 12주 과정으로 용기와 배려, 효과적인 의사전달, 열정 등 우리 일상에 적용하면 좋은 것들을 배우고 연습하는 시간을 가졌다. 12주 과정을 모두 마칠 때쯤 우리에게 숙제가 주어졌다. 이 크리스토퍼 과정을 마친 뒤에도 자신이 계속 해나갈 행동 한 가지를 정하는 것이었다. 그런데 이 숙제에는 조건이 붙어 있었다. 이를테면 '운동을 더 하겠다', '책을 읽겠다'라는 식의 자기만을 위한 것은 안 되고, 내 행동으로 주변의 사람들에게 무엇인가 영향을 끼치는 것이어야 했다.

고민 끝에 '가족과 허깅하기'를 내 숙제로 결정했다. 수료식 전 모든 사람 앞에서 이 숙제를 공개적으로 발표함으로써 행동에 대한 욕구를 강화했다. 혼자 다짐하고 혼자만 그 다짐을 알고 있으면 조그마한 장애물에도 쉬 넘어지고 만다. 다짐한 것을 실천하기 싫거나 어려움이 생겼을 때 자신을 합리화하거나 변명거리를 만들기 쉬운 존재가 바로 인간이다. 이런 유혹을 이기기 위해서는 의도적으로라도 주변에 자신의 다짐을 공개할 필요가 있다. 그러면 다른 사람의 이목을 의식해서라도 어떻게든 계획을 실행하려고 노력하게 된다.

숙제를 하기로 마음먹은 다음 날, 아침 출근 때 할까 말까 망설이다 결국 하지 못했다. 다른 사람에게 꼭 가족과 허깅을 하겠다고 말했으니 어떻게든 하기는 해야 할 텐데 걱정이었다. 계획 공개효과를 톡톡히 치르고 있는 셈이었다. 퇴근 때 용기를 내어 아내와 허깅했다. 평소 안 하던 것을 하려니 무척 어색하고 쑥스러웠다. 아내에게, "응, 이거 내 숙제야, 잘할 수 있도록 당신이 도와줘. 그리고 이따가 하림이 들어오면 하림이도 안아줘야 돼"라고 부탁했다. 아내의 반응은 별로 따뜻하지 못했다. "희한한 숙제도 다 있네."

처음에 아들 녀석은 무척이나 몸을 사렸다. 안으려고 하면 몸을 빼고, 도망가려 했다. 그래도 어쩌랴 숙제인데, 계속 해야지. 며칠 계속되자 아들은 이제 도망은 가지 않고 그저 온기 없는 나무토막처럼 내게 안겼다. 이것만 해도 많이 변했다. 이러기를 또 몇 번, 마침내 녀석의 손도 조금씩 나를 안으려고 올라왔다. 포옹의 시간도 조금 길어졌다. 서로 따뜻한 체온을 느끼며 껴안은 손에 힘이 들어갔다. 녀석의 얼굴이 조금 밝아졌다. 짜증이 줄어들고 가끔 장난도 쳤다. 밥상에서 또는 일요일 저녁 TV 앞에서 이런저런 이야기도 했다. 생각해보니 내게서 나가던 잔소리도 줄어들었다. 이제 겨우 두 달 조금 넘게 그저 아무 말 없이 안아주기만 했는데 아들과의 친근감이 엄청 좋아졌다. 한두 번에 그치지 않고 꾸준히 실천하는 효과가 바로 이것이구나 하는 생각이 들었다.

어떤 습관이 몸에 배려면 최소한 3개월은 해야 한다고 한다. 그만큼 지속적으로 실행해야만 우리 몸에 배어 습관처럼 행동하게 된다는 것이다. 실행은 코칭에서도 매우 강조하고 있는 것이다. 로마 속담에 '생각을 잘하는 것은 현명하고, 계획을 잘하는 것은 더 현명하고, 실행을 잘하는 것은 가장 현명하다'라는 말이 있다. 실행력이 최고라는 것이다. 실행이 없으면 아무것도 얻을 수 없기 때문이다. 생각만으로, 계획만으로 얻을 수는 없다. 변화도, 성장도 실행이 담보되어야만 가능하다. 변화와 성장을 통해 우리가 손에 쥘 수 있는 행복도 이 실행이 전제되어야만 얻을 수 있다.

'가족과 허깅하기'라는 공개 숙제를 포기하지 않고 실천함으로써 가족과 화목이라는 큰 행복을 얻었다. 이처럼 개인의 성장을 위한 코칭은 우리가 손쉽게 할 수 있는 것, 일상 속에서도 실행력만 있으면 얼마든지 자신의 것으로 만들 수 있는 것이다.

영화 속 베스트 코치들

―――

〈벤허〉의 전차경주 장면을 다시 봤다. 이 영화를 본 지 벌써 십 수 년이 지났지만 예전의 그 감동이 다시 살아났다. 그중에서도 가장 압권인 장면은 뭐니 뭐니 해도 바로 유다 벤허와 메살라의 마차경주 장면이다. 네 마리의 말이 이끄는 마차를 타고 로마의 대전차경기장 아홉 바퀴를 누가 가장 빨리 도는가 하는 경주다. 서로가 서로에게 질 수 없는, 자존심을 넘어 목숨까지 건 운명의 경주는 볼 때마다 손에 땀을 쥐게 한다. 결말을 이미 알고 있는 장면이지만 늘 새롭다. 특히 메살라의 날카로운 톱니바퀴가 유다의 나무로 된 마차 바퀴살을 파고들 때는 마치 내 심장을 파고든 것마냥 몸이 움츠러들곤 한다. 어쨌든 영화감독은 스토리 전개의 재미와 관중의 흥미를 끌기 위해 치밀한 구상 아래 주인공 유다가 위기를 극복하고 메살라를 이기는 것으로 만들었을 것이다.

영화를 감상할 때 분명한 한 가지 관점을 가지고 보면 그 관점이 보이는 장점이 있다. 이번에는 전차경주에서 어떤 요인이 유다의 승리를 가능하게 했는지에 초점을 맞추고서 영화를 보았다. 코칭과 연결할 수 있는 무엇이 있을 것으로 기대한 것이다.

유다는 마차경주 연습을 마친 뒤, 땀으로 흠뻑 젖은 말을 정성스럽게 닦아주며 이렇게 말한다. "너흰 좋은 친구들이야, 사람도 이만큼만 됐으면." 여기서 그치지 않고 한 마리 한 마리 말의 이름을 불러주며 칭찬한다. 단체에게 던지는 통상적인 말이 아니고 각자 개별화된 구체적인 칭찬을 하고 있었다. 그것도 이름을 불러주면서. 생각해보면 이름은 언제 들어도 좋은 말이다. 아무리 많이 들어도 결코 질리지 않는 말이다. 주인이 자신의 이름을 불러준다는 것은 그것 자체가 최고의 칭찬인 셈이다. 유다는 그 말들을 마차를 이끄는 단체로 기억하고 있는 것이 아니라 한 마리 한 마리의 개별화된 말로서 기억하고 있었던 것이다.

그리고 시종 눈을 맞추는 것이 인상적이었다. 초롱초롱하고 맑은 눈을 그윽하게 들여다보았다. 신체 부위 중 좀처럼 거짓말을 하지 못한다는 눈과 눈의 맞춤은 가장 정직한 의사소통의 방법이다. 입술의 말만으로는 입에 발린 칭찬을 늘어놓을 수도 있다. 그러나 정직한 눈을 맞추면서 하는 말은 진실한 칭찬에 가깝다. 유다는 또 말을 하는 동안 말의 목을 껴안고 쓰다듬는 스킨십도 멈추지 않았다. 친근감이 증폭되는 행동들을 유감없이 보여주고 있었다. 각각의 말의 이름을 불러주는 것, 구체적인 행동을 찾아 칭찬하는 것, 말과 눈을 맞추는 것, 그리고 스킨십까지. 마차경주에서 유다가 승리할 수 있었던 요인이 무엇일까를 찾고자 하는 관점에서 영화를 보려고 하자 전에는 그냥 지나쳤던 장면들이 크게 부각되어 다가왔다.

유다는 첫 번째 말에게 다가가 이렇게 이야기한다. "기억해, 알타이르. 아홉 바퀴 도는 거야." 다음 두 번째 말에게 다가가 그의 이름을 불렀다. "알레브란." 그러자 말들이 서로 자기를 봐달라고 안달이었다. "리겔, 너도 들었지? 제일 빠른 친구, 첫 바퀴에서 이기면 안 돼. 마지막 바퀴에서 이겨야 해. 혼자 이길 순 없어. 친구들을 기다려줘야 해." 세 번째 말에게 시합에 나갔을 때 어떤 자세로 경주에 임해야 하는지 가르치고 있었다. 그리고 막내둥이 말에게는, "안타레스는, 바위처럼 든든하지, 넌 우리의 닻이야" 하며 격려했다.

드디어 결전의 날. 메살라가 탄 마차의 위용은 상대를 누르고도 남음이 있었다. 특히 마차 바퀴에 달려 있는 날카로운 톱날이 기를 꺾고 있었다. 누구든 가까이 가면 그 톱날에 바퀴가 부서질 게 뻔했다. 손엔 가죽 채찍이 들려 있었다. 선수 호명이 끝나고, 출발을 알리는 나팔이 울리자 경주가 시작되었다.

메살라는 시작부터 강렬하게 채찍으로 말을 휘몰아쳤다. 상대 마차가 가까이 다가오면 일부러 접근전을 펼쳐 상대 마차의 바퀴를 묵사발로 만들어버렸다. 여러 마차가 희생되었고, 유다와 메살라 두 마차의 경주로 압축되었다. 마차를 최대한 가까이 붙여 날카로운 톱날로 유다의 마차 바퀴도 부서뜨리려고 했다. 목재로 된 유다의 마차 바퀴살이 크게 잘려나가는 아찔한 순간이 있었지만 어렵사리 위기를 모면했다. 메살라는 자신의 뜻대로 되지 않자 급기야 말을 때리던 채찍을 유다에게 직접 휘둘렀다. 달리기 경주는 이제 서로 죽고 죽이는 싸움으로 변질되어버렸다. 주인의 싸움에 아랑곳하지 않고 유다가 모는 네 마리의 회색 말과, 메살라가 모는 검은 말은 쉼 없이 달리고 또 달렸다.

결과는 익히 알고 있는 바와 같이 유다 벤허의 극적인 승리로 끝난다. 메살라는 상대를 공격할 때 사용했던 그리스 전차의 날카로운 톱니바퀴와 가죽 채찍에 오히려 자신이 당하고 만다. 유다는 승리의 월계관을 쓰기 위해 영광의 자리에 나가고, 메살라는 겨우 목숨만 유지한 채 들것에 실려 나간다. 승자와 패자의 영광과 좌절이 극명하게 대비되는 순간이다. 무엇이 유다에게 승리를 가져다주었는지 다시 설명하지 않아도 선명하게 보인다. 승리의 원인은 강하게 몰아붙이는 채찍이 아니고 따뜻하게 인정하고 지지하는 격려였다.

다른 영화 한 편을 다시 생각해보자. 〈말아톤〉이라는 영화다. 이 영화는 2005년에 출시된 것으로 한 자폐증 소년이 마라톤을 완주하는 것을 소재로 만들었다. 영화의 주인공 초원이와 엄마의 대화가 흥미롭다. 마찬가지로 코칭의 관점에서 이 대화가 어떤 효과를 가져오는지 생각하면서 보면 좋겠다. 초원이 엄마가 묻는다. "초원이 다리는?" 그러자 그 물음에 초원이는 "백만 불짜리 다리!"라고 답한다. 재미 삼아 심심하다 싶으면 엄마는 이 질문을 던지고 초원이는 대답한다. 연이어 나오는 다음 대사는 더 가관이다. "몸매는?" "끝내줘요!"

다섯 살 아이 수준의 대화지만 여기에도 일종의 원칙이 보인다. '격려의 법칙'이다. 초원이 엄마가 이것을 알고 했는지 여부는 모른다. 그러나 그 효과는 백퍼센트 이상이었다. 쉼 없이 묻고 답하는 과정에서 초원이는 자신의 다리는 힘이 넘치고 건강한 백만 불짜리 다리라는 것이 저절로 각인되었을 것이다. 초원이 엄마가 초원이를 항상 지지하고 격려해준 것이 비록 초원이가 장애아였지만 할 수 있다는 자신감을 가져다주었다. 이런 엄마의 사랑에 힘입어 초원이가 힘든 마라톤을 완주할 수 있었던 것이 아닐까?

마차경주에 나가는 말이 현재 가지고 있는 장점을 발견하여 각각 칭찬하고 격려해주는 유다 벤허와 초원이의 잠재능력을 믿고 끊임없이 지지해주는 초원이 엄마는 모두 최고의 베스트 코치임에 틀림없다.

뒷담화로 칭찬하기

남 얘기는 재미있다. 하다 보면 시간 가는 줄 모른다. 또 그 얘기에 참여하는 사람 간의 이상한 유대감이 증폭되기도 한다. 그래서인지 갈수록 무료해져가는 요즘 세상에 뭐 좀 재미있는 일 없을까 기웃거리는 우리 마음에 남 얘기는 뿌리칠 수 없는 유혹으로 다가온다. 수다가 여자들만의 전유물처럼 여겨지지만 실은 남자들도 한 번 입이 열리면 여자 못지않다. 스포츠, 정치, 군대 이야기가 남자들의 주요 관심사항이지만 어디서나 빼놓을 수 없는 마지막 간식거리는 바로 '남 얘기'일 것이다.

다른 사람 얘기는 십중팔구 부정적으로 흐르기 쉽다. 본질상 그래야 얘기하는 맛이 있는가 보다. 듣는 사람도 긍정적인 것보다 부정적인 말에 귀가 솔깃해진다. 어쩌면 생태적으로 우리 마음의 구조가 그런가 보다. 우리의 본성이 그렇다고 손 놓고 있는 것이 좋아 보이지는 않는다. 확실하게 반대편의 입장에 서지 않는 이상 그 쪽에

찬성하고 있는 형국이다. 물고기가 세찬 물살을 거슬러 올라가듯이 좀 더 나은 세상을 위해 우리 본성에 흐르는 그 마음의 물꼬를 한번 의도적으로 바꾸어보면 어떨까?

소속된 교회에서 제자 훈련을 하는 중에 이런 일이 있었다. 예배와 달리 제자 훈련에 임하겠다는 소수의 학생을 선발하여 별도의 성경공부를 하는 모임이었다. 보통 일주에 한 번, 한 시간씩 총 10주 동안 진행되는 과정이었다. 우리 반에는 네 명이 훈련을 받겠다고 자원해서 함께하고 있었다. 그런데 3~4주가 지날 즈음 우리 반 학생 중 한 명이 훈련을 총괄하는 선생님께 내 얘기를 했나 보다. 총괄담당 선생님은 또 그때 들었던 얘기를 기억하고 있다가 다시 내게 전해주었다.

"선생님을 시아버지 삼았으면 좋겠다는 여학생이 있던데요."

총괄담당 선생님의 뜬금없는 말에 적잖이 당황했지만 그래도 은근히 기분이 좋아졌다.

"저를요? 누가요?"

"선생님 반 중에 예은(가명)이가 그러던데요."

"아, 예."

교회에서 모든 일정을 마치고 집에 돌아오는 내내 이 말이 내 마음에서 빙빙 돌았다. '나를 시아버지 삼고 싶다고?', '어떤 점이 그렇게 비쳤을까', '내가 그만큼 믿을 만하다는 것인가?' '딱히 잘해준 것도 없는데' 별의별 생각이 오고갔다. 이 많은 생각들 중에 그래도 분명한 것 한 가지는 생각할수록 기분이 좋았다는 것이다. 그리고 급기야 그 친구에게 더 잘해주어야겠다고 속으로 다짐까지 했다.

처음으로 돌아가보자. 예은이가 알고 했는지, 모르고 했는지는 모르지만, 어쨌든 상대가 없는 자리에서 상대방을 칭찬했다. 이 얘기를 들었던 총괄담당 선생님은 상대를 칭찬하는 말인지라 애써 기억했다가 그 칭찬의 주인공에게 전해주었다. 그러자 칭찬의 말을 들은 주인공은 당초 처음 칭찬을 한 그 사람의 마음을 떠올려보면서 그 칭찬에 맞게 행동하고자 하는 다짐을 했다. 이와 아울러 그 사람에 대한 친근감과 신뢰감이 급속히 확장되는 것을 느꼈다.

뒷담화는 사람의 입을 하나씩 옮겨 가면서 점점 커지는 속성이 있는 것 같다. 이 속성이 선순환되도록 사용하는 것은 우리 하기 나름이다. 뒤에서 비난의 화살을 쏠 것인지 작은 것일지라도 칭찬의 보석을 던질 것인지는 우리 선택에 달려 있다. 면전에서 들은 칭찬보다 다른 사람을 거쳐서 이렇게 뒷담화로 들려오는 칭찬은 그 효과가 매우 커지게 마련이다. 생각할수록 기분이 좋아지고 행복에 도취되는 느낌을 주는 전형적인 긍정적 뒷담화의 선순환이 이루어진 것이다.

칭찬은 좋다. 고래도 춤추게 할 수 있으니까. 앞에서 하는 칭찬은 간혹 그 저의를 의심하게 하는 경향이 있지만, 남을 통해 듣게 되면 진정성이 있는 것으로 느껴진다. 그래서 뒤에서 하는 칭찬이 더 강력하다. 상대를 움직이게 하는 코칭에서 칭찬은 필수요소다. 더 강력한 코칭효과를 보기 위해 코치와 피코치가 얼굴을 마주보고 앉아 있는 자리에서 칭찬하는 것보다 뒤에서 칭찬하는 뒷담화 칭찬법을 어떻게 활용할 것인지 생각해볼 필요가 있다고 본다. 코치가 표현하는 칭찬의 말이 직접화법이 아닌 간접화법을 쓰는 것이 그 한 가지 방법이 되지 않을까 싶다. 피코치의 행복감을 증진시켜주고 바람직한 행동의 변화까지 수반하는 힘이 칭찬, 그것도 뒷담화로 하는 칭찬에서 나온다는 것을 기억하고 가능한 이 방법을 많이 활용했으면 좋겠다. 비록 코칭뿐만 아니라 우리 주변의 관계 속에서 이런 긍정적 뒷담화가 넘쳐 기분 좋은 파도가 점점 넓게 퍼져 나갔으면 하는 바람이다.

기도 중에 담배 피우기 vs. 담배 피우는 중에 기도하기

좋아하는 것은 누가 시키지 않아도 마냥 하고 싶다. 그런데 어떤 연유로 인해 그것을 하지 못하게 되면 힘이 빠진다. 못하게 된 까닭이 자신에게서 비롯된 것이라면 쉽게 체념이 되지만, 다른 데 있다면 그 대상에 대해 짜증이 난다. 나는 테니스를 즐겨 한다. 제대로 볼을 쳤을 때 라켓을 통해 전해지는 감각이 참 좋다. 이른 바 손맛을 느끼는 셈이다. 네트 위를 살짝 넘어가는 빨랫줄 같은 테니스볼의 패션을 바라보면 기분이 좋아진다. 그래서 내게는 언제부터인지 운동 하면 테니스라는 보이지 않는 틀이 형성되어 있다. 이것을 일명 인식체계, 즉 프레임이라고 부른다.

그런데 좋아하는 테니스를 치려면 몇 가지 조건이 갖춰져야 한다. 먼저 날씨가 뒷받침되어야 한다. 야외에서 하는 경기(물론 요즘은 실내 테니스장이 있기도 하지만)이다 보니 날씨가 궂으면 할 수 없다. 둘째로 테니스는 최소 두 명 이상 보통 네 명의 인원이 구성되어야 한다.

테니스를 하기로 약속을 했는데 갑자기 날씨가 심술을 부려 비라도 내리면 여간 속이 상하는 것이 아니다. 코트에 나가기 전에 비가 내리거나, 또는 비가 흠뻑 내려 처음부터 완전히 포기하게 되면 그나마 낫다. 코트에 나가 경기를 막 시작하려고 하는데 비가 내리거나, 혹은 코트가 젖어 딱 경기하지 못할 정도만 내리고 그치는 경우가 제일 약 오른다.

유난히 눈과 비가 잦은 때가 있었다. 사흘이 멀다 하고 내려 땅이 마를 날이 거의 없었다. 날씨는 내 맘대로 할 수 없는 것임에도 좋아하는 테니스를 맘껏 하지 못하니 주제넘게도 부아가 났다. 내 힘으로 통제할 수 없는 외부요인이 '운동=테니스'라는 틀을 바꾸도록 은근히 강요하고 있었다. 날씨와 상관없이 할 수 있는 것이 없을까? 실내에서 할 수 있는 웨이트 트레이닝이 떠올랐다. '운동하고 싶은데 비가 오면 투덜거릴 것이 아니라 헬스장에 가자.' 체력 단련실에는 아령과 역기 그리고 런닝머신이 있다. 이외에도 생소한 운동기구들이 여러 대 구비되어 있었다. 하나씩 맛본다는 기분으로 어떤 것은 손으로 잡아끌고, 어떤 것은 다리로 밀어 올려보았다. 이 운동도 나름 괜찮았다. 이것저것 한참 움직이다 보니 얼굴에 제법 땀이 맺혔다. 공을 쫓아다니는 테니스와는 다른 맛이 있었다. 테니스가 동적이라면 헬스장에서의 운동은 비교적 정적이며, 나의 근육 하나하나를 알아가는 그런 기분이었다.

체력 단련실에 몇 번 가지 않았는데 어느새 팔뚝에 근육이 도드

라져 보였다. 평소 워낙 근육이 없던 몸이라 근육이 생겼다고 해봐야 별것 아니었지만 이를 바라보는 내 기분은 좋았다. 샤워할 때 거울에 비치는 몸이 예전과 달랐다. 슬슬 헬스장을 찾는 데 재미가 붙었다. 비가 오거나, 또는 테니스 칠 사람이 없으면 그냥 손 놓고 있었는데 할 일이 생겼다. 틀(프레임)을 바꾸니 신나는 일이 생긴 것이다.

프레임을 바꾸는 얘기 중에 이런 우화가 있다. 세실과 모리스가 예배를 드리러 가는 중이었다. 세실이 물었다. "이봐 모리스, 기도 중에 담배를 피워도 된다고 생각하나?" 모리스는 잘 모르겠다며 랍비에게 물어보자고 했다. 세실이 먼저 랍비에게 물었다. "기도 중에 담배를 피워도 되나요?" 랍비는 정색을 하며, "형제여, 기도는 신과 나누는 엄숙한 대화인데 기도 중에 담배를 피우다니 절대 그럴 수는 없다네"라고 대답했다. 세실의 이야기를 전해 들은 모리스가 말했다. "자네가 잘못 물어본 것이야. 내가 틀을 바꾸어 다시 물어볼게." 모리스가 랍비에게 다가가서 전과 달리 이렇게 물었다. "선생님, 담배를 피우는 중에 기도를 하면 안 되나요?" 랍비는 환한 미소를 띠며, "형제여, 기도는 때와 장소가 필요 없다네. 담배를 피우는 중에도 얼마든지 기도는 드릴 수 있다네"라고 말했다.

또 이런 이야기도 있다. 은메달보다 동메달을 딴 선수가 더 행복해한단다. 은메달을 딴 선수는 조금만 더 노력했다면 금메달을 딸 수 있었을 것이라며 아쉬워하는 데 반해, 동메달을 딴 선수는 자칫 4

나의 행복 찾기 65

위를 했다면 시상대에 설 수도 없었을 텐데 동메달이라도 걸 수 있는 것에 대해 기뻐한단다. 관점에 따라 같은 현상임에도 행·불행을 다르게 느끼는 좋은 예다.

이같이 관점이 바뀌면, 즉 프레임이 변경되면 세상이 달리 보인다. 문제에서 좀처럼 헤어나지 못하는 사람을 코칭해주는 스킬 중에 관점을 바꾸어 보도록 하는 방법이 있다. 같은 문제도 보는 시각에 따라 다르게 보이기 때문이다. 우리가 흔히 듣는 '어떤 색의 렌즈를 통해 세상을 보느냐에 따라 세상이 다르게 보인다'는 말과도 같다. 우리에게 오래도록 풀리지 않는 숙제가 있다면 우리가 끼고 있는 렌즈를 한번 바꿔보면 어떨까? 그럼 의외로 답이 쉽게 보일지도 모른다.

대추 한 알 그리고 한 사람

코칭은 무엇보다도 사람의 긍정적인 변화에 주된 관심이 있다. 그러므로 제대로 된 코칭을 하려면 먼저 사람을 이해하는 것이 절대적으로 필요하다. 사람을 이해하기 위해 접근하는 길은 여러 갈래가 있을 것이다. 사람은 누구이며, 무엇을 위해 사는지를 고민하는 것에서부터 어떻게 살아가며 어떤 것에 관심을 가지고 있는지를 따지는 것까지 실로 다양할 것이다. 우리가 접하는 철학, 심리, 종교, 문학은 물론 경제, 교육 등 사회인문에 관련된 대부분의 학문이 사람을 이해하기 위한 학문이라고 해도 크게 틀린 말은 아닐 것이다.

시와 소설로 대표되는 문학도 사람을 알고, 사람을 느끼며, 사람을 이해하려는 길이다. 이런 점에서 시 속에 담겨 있는 사람의 심성을 살펴보는 것도 의미 있는 일일 것이다. 장석주님의 '대추 한 알'이라는 시를 옮겨본다.

> 대추 한 알
>
> 저게 저절로 붉어질 리는 없다 / 저 안에 태풍 몇 개
>
> 저 안에 천둥 몇 개 / 저 안에 벼락 몇 개
>
> 저게 저 혼자 둥글어질 리는 없다 / 저 안에 무서리 내리는 몇 밤
>
> 저 안에 땡볕 두어 달 / 저 안에 초승달 몇 날

시가 주는 여러 가지 묘미 중 하나는 그 시를 읽는 독자가 저마다 자신의 삶을 그 시에 녹여서 재해석한다는 데 있다. 절제된 시어 한 마디가 우리 마음의 물꼬를 터서 감정의 강물을 흐르게 하는 것이다. 그동안 누구나 체험하고 느꼈을 법한 삶의 이야기들을 시인은 어쩜 이렇게도 신비하게 단어 하나 문장 한 줄에 담아내는지 그저 존경스럽다.

코칭을 함께 공부하는 동기 중에 유난히 시를 좋아하는 사람이 있다. 그는 우리에게 기회 있을 때마다 시어를 활용한 코칭을 강조하곤 한다. 시만큼 사람의 감성을 다룬 작품이 없기 때문이란다. 한 편의 시는 잘 짜여진 구조물이다. 그래서 시에 등장한 시어를 충분히 느끼고 이해하다 보면 코칭을 하는 우리들도 사람의 마음에 감동을 주는 단어를 사용할 수 있다는 것이다.

이 시의 '붉고 둥근 대추 한 알'은 인생의 고난과 어려움을 겪은 사람의 모습으로 여겨졌다. 짧게는 새해 다짐을 통해 가을에 더 붉어지고 둥글어진 모습을 그리는 것 같고, 길게는 태어나면서부터 지금

까지 살아온 수많은 날들의 웃음과 울음, 기쁨과 슬픔을 담고 있는 것 같았다.

한 알의 대추 속에 이토록 많은 이야기가 있을 줄이야. 그런데 생각해보면 어디 이 대추 한 알만 이러겠는가? 주변에서 흔히 보는 나뭇잎 하나, 풀잎 하나, 한 송이 꽃은 또 어떤가? 각자 품고 있는 것들의 종류와 정도는 다를지언정 저마다 그들만이 가지고 있는 독특한 이야기들이 배어 있을 것이다. 햇볕과 비바람, 벌과 나비의 입맞춤 혹은 새들의 노랫소리 등 우리가 미처 알지 못하는 여러 가지 것들이 조화를 이뤄 지금 우리 앞에 나타났을 것이다.

대추 한 알, 나뭇잎 하나가 이럴진대, 하물며 만물의 영장인 사람은 더 말해 무엇 하랴 싶다. 한 사람의 인생 속에는 얼마나 많은 것들이 녹아 있을까? 그 사람이 걸어온 인생의 발자취가 마디마디 새겨 있을 것이다. 때론 울고 때론 웃었을 이야기가, 또 때론 힘들고 어려웠던 순간들의 흔적이 켜켜이 쌓여 있을 것이다. 어쩌면 몇 날을 풀어놓아도 부족할 삶의 이야기가, 각자 자기를 보아달라며 사랑에 갈급해하고 있을 것이다.

이런 눈으로 사람을 바라보면 세상에 아름답지 않은 사람이 없다. 귀하지 않은 사람이 없다. 대추 한 알을 바라보는 시인의 마음으로 주변의 사람들을 바라보면 사람이 달리 보인다. 우리 한 사람 한 사람은 각자 자신의 위치에서 나름대로 최선을 다하고 있는, 세상에 둘 도 없는 작품들이기 때문이다.

코칭은 사람을 이렇게 소중한 존재로 보는 시각에서 출발한다. 한 사람 한 사람은 무한한 잠재능력이 있으며, 충분히 행복하고 변화 가능한 존재라고 보는 것이다. 시인이 대추 한 알을 보면서, 천둥과 번개가 그 안에 담겨 있는 것을 보았듯이, 코칭의 코치는 피코치의 인생에 담겨 있는 많은 이야기들을 들을 준비가 되어 있는 것이다. 그래서 붉고 탐스럽게 익어가는 대추를 노래하듯이, 행복하고 충만한 삶을 살아갈 한 사람의 인생을 격려해줄 수 있는 것이다. 이 사람이 바로 코치이고, 이것을 실행하는 것이 코칭이다.

'ABCD'를 알자

연일 언론에 카이스트 사태가 보도되었다. 2011년에만 4명의 학생이 자살했고, 최근에는 교수까지 스스로 목숨을 버리는 일이 일어났다. 급기야 카이스트는 2011년 4월 15일과 16일 이틀간 수업을 전면 휴강하고 긴급이사회를 소집해 학교운영에 대해 전반적인 토론회를 개최했다. S총장 취임 이후 개혁의 핵심 사항으로 추진했던 차등수업료제와 영어수업 등이 논란의 중심 주제로 떠올랐다.

S총장은 '국민의 세금으로 운용되는 카이스트이니만큼 학생들 전부에게 수업료를 면제하는 것은 부당하고 경쟁을 통해 하위 그룹 학생에게는 징벌적 수업료를 받는 것'이 당연하다고 강조했다. 또 글로벌 시대에 영어는 필수로, 카이스트 학생의 성장을 위해 반드시 필요하다는 주장이었다.

이런 총장의 주장에 대해 일부 학생들은 '자신들을 공부기계로 만들고 인간성을 무시하고 효율만 주장하는 잘못된 정책'이라고 항

변했다. 일정 학점에 미달되어 차등수업료를 납부한 학생들은 단순히 돈문제가 아니라 주홍글씨처럼 공부 못하는 학생으로 낙인찍히는 것이 더욱 견디기 힘들었다고 말했다. 이런 상황에서 학생들 간의 소통은 저절로 끊어지고 치열한 경쟁만이 남았다고 했다. 또 전공과목의 100퍼센트 영어수업도 교수와 학생 간의 원활한 교류가 이루어지지 않았고 교수의 일방적인 전달도 힘들었다고 한다.

카이스트 사태는 효율과 통합 등 어떤 관점에서 보느냐에 따라 양측 주장의 무게중심이 바뀔 것이다. 이 자리에서 총장과 학생들 주장의 시시비비를 분별할 생각은 없다. 다만, 사태가 이렇게 번지기 전에 학교에서 제도적이든 아니면 학생들 스스로든 자신의 정신건강을 지킬 도구 하나쯤 가지고 있었으면 좋았을 것 같다는 생각이 든다. 어느 국회의원의 주장처럼 '우주보다도 귀한 생명'이 다섯이나 목숨을 잃은 것에 대한 안타까움에서 하는 말이다.

카이스트는 우리나라에서 누구나 갈 수 있는 학교가 아니다. 소위 영재들이 치열한 입시경쟁을 뚫고서 들어가는 곳이다. 중고교 시절에는 나름대로 최고를 달리던 수재들이 모인 곳이다. 상대평가 경쟁제도 하에서는 필연적으로 일정 수의 성적 하위 학생들이 생길 수밖에 없다. 늘 탑 클래스에만 있던 학생들이 처음으로 하위 그룹으로 떨어지는 충격은 상당했으리라 짐작된다. 그래서 건강한 삶은 가끔 형편없는 점수도 받아보고 불합격의 고충도 경험해본 토양에서 자라는가 보다.

학생들이 인생의 'ABCD', 즉 인생의 기초를 알았다면 어떠했을까? 그렇다면 가장 기초가 되는 인생의 'ABCD'는 과연 무엇일까? 아마 대부분 생명이 가장 중요하고 그 다음에 성적과 성공이 있다고 하지 않을까 싶다. 어떤 경우에도 생명과 성적의 순서가 바뀌면 아무것도 이룰 수 없기 때문이다. 그런데 머리 좋다는 카이스트 학생들은 이런 인생의 기초공부는 안 되었나 보다. 건물을 짓는 데도 기초가 중요하듯이 인생을 살아가는 데도 기초공사가 튼튼해야 세상 풍파에 견딜 수 있는데 말이다.

다른 관점의 'ABCD'도 있다. 코칭심리 상담에서 사용하는 것으로 심리학자 엘리스의 이론 모형이 바로 이 'ABCD'(정확히는 'ABCDE')이다. A는 Activating event(선행사건), B는 Belief system(신념체계), C는 Consequence(결과), D는 Dispute(논박), E는 Effect(효과)를 말한다. 우리가 어떤 사건을 만나면 우리 안에서 일어나는 사고, 즉 인지체계가 이 과정(A-B-C-D-E)을 거쳐 진행된다는 것이다.

상상력을 동원하여 카이스트 학생이 겪었던 상황을 이 모형에 대입해보면 쉽게 이해가 간다. 예를 들어, 한 학생이 평균 2.5의 성적을 받았다면 그 성적이 선행사건이 된다(A, 선행사건). 다음은 2.5의 성적을 받았으므로 교칙에 따라 차등수업료를 내야 한다. 그러면서 이 학생은 '나는 친구들 사이에서 공부 못하는 학생으로 찍히게 될 거야'라는 신념을 가지게 된다(B, 신념체계). 그 후에 이 학생은 '나는 이런 점수를 받는 나 자신에게 화가 나. 이제 나는 어떻게 되는 거야?

친구들은 나를 피하고 형편없는 녀석으로 보겠지. 교수님들의 얼굴은 또 무슨 낯으로 대하지? 부모님께 수업료 달라고 얘기하는 것도 정말 싫다'라는 마음에 휩싸이는 결과에 직면한다(C, 결과).

생각이 이렇게 진행되면 부정적인 그 결과에서 헤어나오지 못하고 문제를 더욱 키우게 된다. 그런데 치료적 인지상담에서는 부정적인 결과인 이 'C'에 머무르고 있는 것을 가만 놔두지 않고 어떻게 해서든지 논박의 과정(D)으로 끌고 간다. 이 논박의 과정을 거치게 되면 부정적인 결과는 점차 다른 방향으로 바뀌게 된다. 이 방법은 상담자가 지도하는 것이 일반적이나, 우리 자신이 스스로 이끌어갈 수도 있다. 그래서 이 모형은 자신을 자가 치료하는 데에도 사용되는 방법이다. 두 번째 과정인 'B'의 신념체계를 가지고 논박을 하는 것이다.

이를테면 이렇게 논쟁한다. 자신의 인지 안에서 이루어지는 논박이다. '그래, 2.5라는 낮은 점수를 받았어. 이 점수 받았다고 내가 완전히 형편없는 사람은 아니지. 한 번의 점수가 내 학교생활 전부는 아니잖아. 다음에 올리면 되겠지.' 이런 논쟁을 거치면 효과(E)가 다르게 나타난다. 낮은 학점을 받아 기분이 좋지는 않지만, 그렇다고 인생이 끝장날 정도로 심각한 일은 아니다. 학점이 3.0 이상 나와 수업료를 면제받았으면 좋았겠지만, 죽을 정도로 절망한 일은 아니라는 결론에 이를 수 있다.

이렇게 논박을 하지 않았던 상황에서의 결과와 자신의 인지체계 안에서 논박을 거친 후의 결과는 사뭇 다르다. 심각하게 우울했던 일이, 기분은 나쁘고 조금은 실망스럽지만 아주 못 견딜 일은 아니라는 것으로 바뀐 것을 볼 수 있다. 결론적으로 우리의 왜곡된 인지, 즉 잘못된 신념이 올바르게 교정된 것이다.

물론 예기치 않게 어려운 일을 만났을 때 우리의 인지체계가 이렇게 작동되는 것만은 아니다. 세상은 교과서에 있는 이론에 맞추어 돌아가는 것이 아니기 때문이다. 그러나 우리의 인지체계가 이렇게 움직여주지 않는다고 너무 낙심할 필요는 없다. 이제 우리의 생각과 감정과의 관계를 알았으므로 전과 같이 아무 생각 없이 감정에 휘둘리는 것만은 줄일 수 있지 않겠는가? 또 자신의 노력 여하에 따라 인지체계도 좋은 방향으로 수정해나갈 수 있을 것이다. 카이스트 학생들이 인생의 'ABCD'든, 코칭심리학의 'ABCD'든 어느 것이라도 알았다면 지금 상황보다는 훨씬 나았으리라는 아쉬움이 남는다.

2장

당신의 행복 찾기

― 인간의 궁극의 목표는 행복이다

우리 국장님이 달라졌어요

―――

"코칭이 뭐에요?"라는 질문에 한 마디로 대답하기는 쉽지 않다. 코칭 하면 무엇이 생각나느냐는 질문에 대부분의 사람들은 스포츠 감독을 떠올린다. 코치가 바로 감독이고, 감독의 역할을 하는 것이 코칭이 아닐까 하는 생각에서다. 선수들의 잠재능력을 이끌어낼 수 있도록 돕고, 적재적소에 배치하여 경기에서 좋은 성적을 거둘 수 있도록 하는 감독의 역할과 코칭이 일면 유사한 점이 있긴 하나 백퍼센트 일치하지는 않는다. 능력 계발은 물론 사람의 변화까지 꾀하는 코칭의 영역이 스포츠 감독보다 훨씬 크다고 볼 수 있다.

코칭을 스킬적인 측면에 중점을 두고 이렇게 설명하기도 한다. 코칭은 사람의 변화에 목적이 있고, 마음을 읽어주어야 하며, 상대가 무슨 말을 하는지 잘 듣고, 또 상대의 의식의 흐름을 바꿀 수 있도록 의미 있고 파워풀한 질문을 해야 한다. 그러나 이러한 설명을 들어도 코칭이 뭔지 손에 잘 잡히지 않는다. 일반 사람들이 코칭을 처음 접했을 때, 코칭을 정확하게 이해하기가 쉽지 않다. 사용하는 용어도 생소하고, 작동되는 원리도 낯설다.

그래서 가끔 직접적으로 원리를 설명하기보다는 은유적인 방법을 사용하기도 한다. 코칭에 대한 설명을 이야기를 듣듯 편안한 마음으로 듣다 보면, 코칭의 실체가 머리에 그려지는 것이다. 여기 마침 필자가 코칭을 이야기 형식으로 풀어 쓴 글이 있어 선보인다.

장마가 끝나고 본격적인 더위가 시작된 8월 첫째 주 월요일. 김 팀장은 평소보다 이른 시간에 나왔는데도 벌써부터 지하철이 붐볐다. 지난주에는 이 시간에 나와도 앉을 자리가 있었는데 오늘은 없다. 짧은 휴가철이 끝났다 보다. 무가지를 보려다가 그만두었다. 주말 내내 머릿속을 복잡하게 했던 것이 또다시 밀려왔다. 출근하면 최 국장이 찾을 텐데, 마음이 심란했다.

지난달 최 국장은 팀장 회의에서 부산저축은행 사태를 발단으로 시작된 '제2금융권의 안정화 문제'에 대해 검토를 지시했었다. 기존 방식이 아닌 참신한 방안, 그리고 실행 가능한 조치들이 담겼으면 좋겠다고 주문했다. 오더를 받자마자 팀원들에게 지시하고 수시로 진행상황을 점검했으나 일의 진행은 더뎠다. 무엇보다도 국장이 요구한 참신하고 실행 가능한 방안을 찾기가 쉽지 않았다. 검토안을 보자고 한 시한이 지난주 금요일이었는데 마침 외부 기자와의 면담이 길어지는 바람에 보고하지 못했다.

평소 최 국장의 업무성격으로 보아 불호령이 떨어질 것을 각오하고, 지금까지 진행한 검토안을 가지고 국장실에 들어갔다. 김 팀장은 검토 서류를 꼼꼼하게 읽어보는 국장의 태도가 평소와 조금 다르다고 느꼈다. 가끔 고개도 끄덕이고, 검토서류에 가필도 했다. 어느새 검토 문서의 결론에 이르렀다. "김 팀장, 부실저축은행 연착륙을 지원하기 위해 자본을 확충해야 한다는 이 방안이 어떻게 실행될 수 있는지 설명해줄 수 있겠나?"

국장실을 나서자 절로 '휴~우' 하고 긴 숨이 뱉어졌다. 힘든 데 따른 한숨이 아니라, 안도의 숨이었다. 이번 안이 완벽하지는 않지만 조금만 보완하고 수정하면 되겠다는 생각이 들었다. 힘이 쭉 빠지는 것이 아니라 전과 달리 새롭게 도전해보겠다는 생각이 들었다. 무엇 때문에 자신에게 이런 마음이 드는지 잘 몰랐다. 자신의 얘기를 중간에 허리 자르지 않고 끝까지 들어준 것 같기도 하고, 대화할 때 자신의 눈을 바라보는 것도 다른 것 같았다. 물어보는 방식도 전과 달랐던 것 같다. 팀에 돌아와 국장께 보고한 내용을 설명하고 좀 더 힘을 내어 보완책을 강구하자고 말했다. 회의 말미에 김 팀장이 한마디 했다. "그런데 말이야, 우리 국장이 예전하고 달라진 것 같아." "팀장님 모르셨어요? 우리 국장님 지난달부터 코칭 받고 있대요."

최 국장은 교육담당 부서로부터 처음 코칭을 받으라는 연락을 받았을 때 내심 내키지 않았다. '코칭은 무슨 코칭, 코칭이 도대체 뭐야?' '내가 다른 사람을 코칭할 나이인데, 이 나이에 코칭을 받으라고?' '그리고 코칭 그거, 능력이나 실적이 부족한 사람들한테나 필요한 것 아니야?' 이런 생각이 꾸물꾸물 올라오는 것을 막을 수 없었다.

그러나 정해진 일이기에 하는 수 없이 코치와 첫 번째 코칭세션을 가졌다. 마땅찮은 마음이 있던 차에 코치의 프로필을 보고서 다시 한 번 실망했다. 코치는 지금 최 국장이 맡고 있는 업무의 전문가도 아니었고, 나이도 한참 어렸다. '도대체 전문적인 지식이나 경륜도 없으면서 무엇으로 코칭을 하겠다는 거야?' 당장이라도 교육담당자에게 전화를 걸어 취소하겠다고 말하고 싶었으나, 기왕에 시작하기로 한 것 어떻게 하는지 굿이나 보고 떡이나 얻어먹어야겠다는 생각으로 임했다.

코치와 인사를 나눈 뒤, 일상적인 가벼운 대화가 끝나자 코치는 최 국장이 평소 잘 들어보지 못했던 심도 있는 질문을 던졌다. 이게 아닌데 싶으면서도, 질문을 받으니 대답을 안 할 수도 없고 차츰차츰 자신도 모르는 사이에 코치의 코칭기법에 휩쓸려 들어가는 기분이었다. 또 코치는 최 국장의 얘기를 놓치지 않고 어떤 이야기든지 공감해주고 지지와 격려를 보냈다. 관점의 변화와 사고의 확장을 위해 긍정적이고 열린 질문을 이어나갔다. 처음에는 단답형으로 말하다가 짧은 단문으로 나중에는 긴 문장으로 설명했다. 주어진 한 시간 삼십 분이 쏜살같이 지나갔다. 나중에는 주저리주저리 얘기하고 있는 자신이 평소 모습과 달라 자신에게 이런 면이 있었나 하는 생각까지 들었다.

코치의 질문은 최 국장의 의식의 흐름을 내부로 바꾸어주었다. 사람들의 의식은 평소에는 밖으로 향하고 있다. 그래서 자신의 내면에 있는 진주와 같은 경험과 학습의 보물들을 들여다볼 틈이 없다. 그런데 질문을 받으면 그때 비로소 자신의 내면을 보게 된다. 이렇듯 질문은 의식의 흐름을 바꿔주고, 또 생각하게 하는 힘이 있다. 다른 사람의 지시에 의해 일을 하는 것과 스스로 생각해서 얻는 결론으로 일을 진행하는 것은 엄청난 차이가 있다. 아무리 옳은 말이라도 다른 사람이 지적하면 일단 부정하고 싶은 것이 인간의 속성이다. 사람은 원래 그렇다. 그런데 이것을 자신이 생각하고 자신의 말로 하게 되면 같은 말이라도 전혀 다르게 느껴지고 달리 반응하게 된다.

최 국장은 전혀 새로운 경험을 했다. 기존의 리더십, 커뮤니케이션 교육과도 달랐다. '나이도 적고 전문가도 아닌 사람이 무엇을 코칭하랴' 하는 생각은 말끔히 사라졌다. 직접 표현하지는 않았지만 벌써부터 다음 코칭이 기다려졌다. 그리고 이번 코칭세션에서 느꼈던 것을 직원들에게도 그대로 활용해보고 싶다는 생각이 들었다. 아직 코칭이 얼마 진행되지 않아 많이 서툴지만 오늘 김 팀장의 보고를 받으면서 한 번 적용해보았다. 처음 국장실에 들어왔을 때 표정이 굳어 있던 김 팀장의 얼굴이 많이 부드러워졌다. 생기가 돌았고, 업무에 자신감을 회복한 듯 보였다. 효과가 있긴 있나 보다.

위에 든 예처럼 코칭은 '한 개인이나 그룹을 현재 있는 지점에서 그들이 바라는 더 유능하고 만족스러운 지점까지 나아가도록 인도하는 기법'이다. 사람들을 격려하고 동기를 부여함으로써 그들이 스스로를 성장시키도록 돕는 과정이다. 즉 코칭은 각각의 개인이 가지고 있는 잠재능력을 최대한 발휘할 수 있도록 서포트하는 것이다.

이 같은 코칭은 또 개인적인 과거 감정을 치유하는 카운슬링(상담), 문제해결을 일방적으로 가르쳐주는 컨설팅, 개인지도 형식의 멘토링과는 차별된 개념이다. 코칭은 개인과 조직의 변화와 성장에 그 목적을 두고 피코치의 미래 행동 및 성과에 초점을 맞춘다. 지금 잘하고 있는 사람을 더 잘하게 하는 것이다. 그리고 자신이 자각하고 스스로 대안을 찾음으로써 실제로 행동하게 하는 힘이 매우 크다는 데 강점이 있다.

모든 사람의 내면에는 무궁한 자원이 있다

사람을 어떻게 보느냐에 따라 사람에 대한 생각과 태도가 사뭇 달라진다. 사람의 성격을 주 연구주제로 삼는 심리학에서는 사람에 대한 시각차이가 크다. 사람을 보는 관점에 따라 심리치료를 위한 접근방식도 정신분석, 행동주의, 인간중심, 인지치료 등 그 종류가 다양하다. 즉 사람을 어떻게 바라보느냐에 따라 그 사람이 겪고 있는 심리적인 증상의 원인과 치료방법을 달리 하고 있는 것이다.

    프로이드로 대표되는 정신분석에서는 사람을 무의식적인 성적 본능과 공격적 본능에 의한 갈등의 존재로 보았다. 인간의 정신은 무의식이 지배하는데 이 또한 대부분 6세 이전에 형성된다고 보고 있다. 생물학적인 존재인 동시에 결정론적인 시각을 견지했다. 이 관점에서 사람을 보게 되면, 사람이 겪는 심리적인 문제는 대부분 무의식에서 비롯되는 것이라고 간주하게 된다. 따라서 어렸을 때 자신도 모르게 축적되어 있는 무의식 속의 두려움과 불안, 갈등 등 심리적인 상처가 무엇인지를 분석하고 그것을 찾아 치료하는 방법을 사용한다.

이에 반해 행동주의를 신봉하는 심리학자는 인간의 행동은 반복적인 경험과 훈련에 의해 학습된다고 보며, 정신을 분석하기보다는 행동의 수정과 변화에 초점을 맞추고 있다. 무의식 속에 잠재해 있는 여러 가지 갈등과 상처에 대해서는 관심이 없다. 밖으로 드러난 행동에 중점을 두고, 어떻게 하면 이 행동을 바람직한 방향으로 바꿀 것인가에만 관심이 있다. 또 인간중심의 접근방법은 어떤가? 프로이드의 정신분석에서처럼 어릴 적 경험으로부터 이미 성격이 결정되었다고 보는 결정론적인 태도도 취하지 않고, 또 행동주의자들처럼 행동수정에만 관심을 두지도 않는다. 인간중심의 인간관은 인간은 스스로 통제 가능한 자율적인 존재이며, 스스로 책임질 수 있는 행동을 선택할 수 있는 존재로 보고 있다. 과거의 경험으로부터 영향을 받지만, 미래의 건강한 삶을 위해 현재를 고쳐나갈 수 있다고 보는 것이다. 코칭의 이론적 바탕은 이같이 인간을 자율적이고 책임 있는 존재로 본 인간중심의 심리학을 채택하고 있다.

중국의 춘추전국시대 때 등장했던 제자백가 사상에서도 우리는 여러 가지 인간관을 볼 수 있다. 잘 알려진 바와 같이 순자의 성악설, 맹자의 성선설 등이 그것이다. 사람을 태어날 때부터 선한 존재로 보는지, 아니면 악한 존재로 보는지에 따라 성선설과 성악설로 갈린다.

경영학에서도 X이론과 Y이론이 나온다. X이론 입장에서는 사람은 천성적으로 게으르므로 통제가 필요하다고 보는 반면, Y이론에서는 스스로 자율적으로 행동할 수 있는 존재로 본다.

우리는 원하든 원하지 않든 모두 렌즈를 끼고 있다. 자신의 경험과 지식을 배경으로 한 렌즈인 셈이다. 노란색 렌즈를 낀 사람은 세상이 노랗다고 말한다. 파란색 렌즈를 낀 사람은 사물이 파랗게 보인다. 누구나 이 렌즈로부터 자유로울 수는 없다고 생각한다. 다른 말로 하면, 우리는 어떤 렌즈든지 한 종류의 렌즈를 끼고서 사물을 볼 수밖에 없다는 것이다.

이렇듯 인간을 바라보는 시각이 어떠냐에 따라 그 사람의 가치관은 사뭇 달라진다. 그 가치관에서 생각이 파생되고 생각에서 행동이 나온다. 긍정적인 인간관을 가지고 있는 사람은 사람을 대할 때 긍정적인 눈으로 바라본다. 사람은 무엇인가 할 수 있고 능력이 있으며 얼마든지 성장하고 변화할 수 있는 존재로 인식하는 것이다. 단지 잠재되어 있는 능력이 외부 환경이나 자신의 잘못된 인식으로 눌려 활짝 피지 못했을 뿐. 어떤 식으로든 장애요인만 제거해주면 금방 환하게 필 것으로 본다.

코칭에서 바라보는 인간관은 긍정적인 인간관이다. 사람의 행복한 변화를 추구하는 것이 코칭의 기본 개념인데, 사람을 보는 시각이 긍정적인 것은 어쩌면 당연하다. 사람의 내면에는 무궁한 자원이 있고, 누군가의 도움만 받으면 얼마든지 아름답게 꽃 피울 수 있다고 보는 것이다. 코칭은 심리학적 측면에서 인간은 자율적이고 책임 있는 선택을 할 수 있는 '인간중심의 인간관'을, 그리고 경영학에서는 스스로 근면하게 일할 줄 아는 'Y이론'의 인간관을 택하고 있다.

행복한 인생을 퍼 올리는 마중물

코칭에 대한 독자들의 이해를 돕기 위해 앞에서는 이야기 형식을 빌려 코칭을 설명했다. 그리고 코칭의 이론적 배경이 된 심리학의 여러 가지 관점에서 코칭의 개념도 그려보았다. 이런 예비과정을 통해 코칭에 대해 기초적인 맛을 보았으므로 코칭이 무엇인지 어느 정도 감이 잡혔을 것이다. 그러면 이제 코칭에 대한 규범적인 정의와 유래를 살펴보자.

코칭에 대한 학문적인 연구가 그리 오래되지는 않았지만, 코칭에 대한 정의를 내리려는 사람은 여럿이었다. 게리 콜린스는 '코칭이란, 한 개인이나 그룹을 현재 있는 지점에서 그들이 바라는 더 유능하고 만족스러운 지점까지 나아가도록 인도하는 기술이자 행위'라고 정의했다. 에노모토 히데다케는 그의 저서 《마법의 코칭》에서 코칭을 '개인의 자아실현을 서포트하는 시스템'이라고 설명하고 있으며, 스즈키 요시유키는 '상대의 자발적 행동을 촉진시키기 위한 커뮤니케이션 기술'이라고 정의하고 있다. 푸르니에는 '코칭이란 부하가 바람직하지 못한 행동을 멈추고 바람직한 행동을 하도록 하기 위해 관리자와 부하 간에 행해지는 대면대화'라고 정의했다.

한편, 미국의 글로벌 코치 양성전문기관 CCU(Corporate Coach University)에서는 '코칭은 코치와 발전하려고 하는 의지가 있는 개인이 잠재능력을 최대한 개발하고, 일련의 프로세스를 통해 목표설정, 전략적인 행동, 그리고 탁월한 결과를 성취하게 해주는 강력하고 협력적인 관계이다'라고 정의하고 있다.

이상의 여러 가지 코칭에 대한 정의를 통해 공통적인 개념을 추출해보면 다음과 같다. 첫째, 코칭은 현재 상태에서 원하는 상태로 발전을 도모하고자 한다. 부족하거나 바람직하지 못한 현재의 모습에서 미래 어느 시점까지 바람직한 행동의 실현 또는 달성하고자 하는 목표를 향해 나아가는 것이다. 둘째, 코칭은 스스로 깨닫고 잠재력을 발휘하게 하는 것이다. 코치가 일방적으로 가르치고 이끌어가는 티칭의 개념과는 다르다. 자신이 스스로 문제의 해결 방안을 찾아가는 과정이 코칭인 것이다. 셋째, 코칭은 행동과 실천에 초점을 맞추고 있다. 구체적인 목표달성과 행동의 변화를 목적으로 하는 만큼 행동이 뒤따라야 하는 것이다.

그런데, 이런 일련의 학술적인 정의도 좋지만 코칭을 딱 한 마디로 말할 수 있으면 더 좋지 않을까? 길게 설명하면 기억하기 어렵지만 한두 마디로 압축하면 기억하기 쉽기 때문이다.

일전에 코칭에 대한 강의에서 들은 얘기다. 코칭을 받고 있는 직원이 엘리베이터 안에서 회사 CEO를 만났다. 사장은 직원이 현재 코칭을 받고 있다는 것을 익히 알고 있던 터라 코칭을 잘 받고 있느냐고 짧게 인사를 나눈 뒤, "그런데 코칭이 뭐냐?"라는 질문을 던졌다고 한다. 직원은 코칭에 대한 정의를 설명하기 위해 머리를 급하게 돌렸다. 코칭에 대한 여러 정의를 이미 들어 알고 있었고, 그중에 하나를 꺼내 나름대로 설명할 수도 있었다. 그러나 엘리베이터를 타는 짧은 순간에 시시콜콜 '코칭이란 첫째 이렇고, 둘째 저런 것이다'라고 설명할 시간은 없었다. 그렇게 이 직원은 이 말을 할까, 저 말을 할까 우물쭈물하다가 결국 아무 말도 하지 못했다고 한다.

코칭에 대해 자신의 이해가 담긴 자신의 말로 된 한 마디의 강력한 정의가 있었다면 그때 사장에게 분명한 인상을 심어주었을 텐데. 안타깝지만 기회는 지나가 버리고 말았다. 인생에 기회는 매번 오지 않는 법. 지나간 다음에 아쉬워한들 이미 버스는 떠나가고 없다. 이 일을 계기로 그 직원은 코칭을 한 마디로 무엇이라고 표현할 수 있을까 고민하다가 다음과 같이 결론을 내렸다고 한다. '코칭은 마중물이다.' 이 표현은 쉽고 간단해서 따로 기억해두려고 애쓸 필요도 없었다. 또 비유로 표현하고 있는 것도 인상적이었다.

'코칭은 마중물이다'라는 말을 설명하면 이런 뜻이다. 마중물은 지금은 대부분 사라졌지만 예전에는 우리 주변에서 흔히 볼 수 있는 수동식 펌프로 물을 긷는 데 사용하는 것이었다. 신기하게도 이 수

동식 펌프는 처음에는 아무리 열심히 펌프질을 해도 물이 나오지 않는다. 한 바가지의 물을 펌프에 부은 다음 펌프를 위아래로 움직이면 물이 쏟아진다. 펌프질을 하기 전에 붓는 한 바가지의 물이 샘의 근원과 연결시켜주는 것이다. 땅속에 있는 샘물은 밖에서는 보이질 않는다. 맑고 깨끗한 물이 얼마나 있는지 모른다. 이 샘물을 끌어올리기 위해 먼저 물을 붓는 것이다. 이때 붓는 한 바가지의 물을 '마중물'이라 한다. 샘의 큰물을 만나기 위해 마중 나가는 물이라서 이렇게 이름 지어졌을 것이다.

사람의 내면에도 땅속에 묻혀 있는 많은 물과 같이 여러 가지 잠재능력이 있다. 이 능력은 여간해서 밖으로 잘 표현되지 못한다. 누군가 실마리를 잡고 끌어주면 표출될 수 있다. 이런 점에서 '코칭은 마중물'이라는 말이 코칭이 바라는 잠재능력의 발현과 제법 어울린다. 즉 사람의 잠재능력을 이끌어주는 촉매재로 코칭의 정의를 함축적으로 설명하고 있는 것이다.

코칭의 유래에 대해 살펴보자. 코치라는 말은 1500년대 네 마리의 말이 끄는 마차에서 유래되었다고 한다. 마차(코치, Coach)는 고객을 출발지에서 원하는 목적지까지 데려다주는 수단인데, 이 코치(마차)라는 말이 오늘날 고객의 목적을 달성하기 위해 도움을 주는 코칭의 어원이 된 것이다. 현재 고객의 모습에서 장차 변화되거나 성장하고 싶은 모습으로 가고자 하는 코칭의 개념과 딱 맞아 떨어진다.

그러다가 1800년대 중반부터 처음으로 스포츠분야에 코치라는 용어가 등장했다. 스포츠 감독을 코치라고 부르기 시작하고, 선수들 개개인의 숨은 능력을 최대한 이끌어내 팀의 승리를 위해 도전하는 등 코칭의 기본 개념이 사용된 것이다. 경영분야에 코치라는 말이 등장한 때는 1950년대 이후다. 그후 1980년대 미국에서 기업들이 코칭을 도입하게 되면서부터 전문적인 코칭 비즈니스가 탄생하게 되었다. 이제는 코칭이 비즈니스 영역에만 국한된 것이 아니라, 개인의 전반적인 삶을 다루는 라이프 코칭, 청소년들의 학습 능력 향상과 진로를 결정하는 데 도움을 주기 위한 청소년 코칭 등 다양한 분야에서 활발하게 펼쳐지고 있다.

코칭의 개념을 코칭과 비슷한, 혹은 헷갈리기 쉬운 다른 개념들, 즉 상담이나 멘토링 등과는 어떻게 다른지 살펴보는 것도 코칭을 보다 정확히 이해하는 데 도움이 될 것이다. 코칭과 상담, 코칭과 멘토링, 또는 코칭과 컨설팅 등은 서로 유사한 점도 있지만, 하나하나 따져보면 다르다. 상담, 멘토링, 컨설팅 등 각각의 것들이 추구하는 방향이나 목적, 문제해결을 누구에서 찾느냐에 따라 달라진다.

먼저 코칭과 상담(카운슬링)을 비교해보자. 상담은 내담자(상담을 받으러 온 고객)의 문제해결에 그 목적을 두고 있다. 관심의 방향도 내담자의 과거에 있으며, 최선의 결과는 상처와 두려움, 불안 등을 해결해 문제없는 상태에 이르게 하는 것이다. 이에 비해 코칭은 피코치의 미래에 관심의 초점이 있으며, 바람직한 행동 또는 달성하고자 하는 어떤 것에 그 목표를 두고 있다. 문제를 해결해가는 방식도 상담은 상담자가 전문가적인 입장에서 조언하며 가르치는 데 반해, 코칭은 피코치 스스로 문제를 해결하도록 도움을 주는 파트너 관계를 유지한다.

코칭과 멘토링과의 관계는 어떤 차이가 있을까? 멘토링은 개인지도 차원이다. 멘토링이란 말은 그리스 신화에서 유래되었다. 이타카 왕국의 오디세우스 왕은 트로이 전쟁을 치르는 동안 자기 아들을 친구 멘토에게 부탁하고 전쟁에 나간다. 부탁을 받은 멘토는 친구 아들을 하나부터 열까지 가르치고 도와주었다. 전쟁이 끝난 후 돌아와서 아들을 보니, 아들이 아주 멋지게 성장해 있는 것을 발견했다. 아들을 지도해주었던 사람이 멘토였는데, 여기에서 멘토링의 개념이 나왔다. 멘토링이란 인생의 스승으로서 아직 인생에 대해 잘 모르는 사람에게 하나하나 가르치고 지도해주는 것을 말한다.

요즘 기업체 신입직원 연수에도 이 같은 멘토링 제도가 시행되고 있는 것을 종종 볼 수 있다. 입사한 지 몇 년이 지난 고참이 이제 갓 입사한 신입직원(멘티)에게 회사생활에 대한 여러 가지 것들을 가르쳐주는 것이다. 코칭과 멘토링과의 가장 큰 차이는 어떤 문제에 대한 해답이 코칭은 내담자 본인에게 있다고 보는 데 반해 멘토링은 멘토가 가지고 있다고 보는 것이다. 그래서 코칭은 파트너십 관계를 유지하며 스스로 답을 찾아가도록 안내하는데, 멘토링은 멘토가 하나부터 열까지 가르치고 가르친 대로 행동하도록 권하는 것이다.

문제의 답을 자신이 스스로 발견하는 것(코칭)과 남이 가르쳐주는 것(멘토링)의 차이는 그것을 실천하는 힘에서 크게 벌어진다. 사람은 자신이 스스로 깨닫고, 자신이 스스로 책임을 가지고 선택한 행동 방안에 대해서는 꾸준한 실천력을 보인다. 그러나 남이 제시한 방안에 대한 실천력은 좀처럼 지속성을 갖기가 쉽지 않다. 아무리 좋은 얘기라도 남이 하게 되면 자칫 잔소리로 들리게 되어 하고픈 마음이 떨어질 수 있기 때문이다.

마지막으로 코칭과 컨설팅과의 차이는 이렇다. 컨설팅은 컨설턴트가 전문가로서 문제에 대한 해답을 가지고 있다. 그래서 고객이 가지고 온 문제에 대해 수학문제를 풀듯이 답을 제시해주는 것이 컨설팅이다. 멘토링과 중첩되는 부분이 없지 않은데, 문제의 답을 누가 찾아내느냐에 따라 컨설팅과 코칭이 달라진다.

코칭의 개념과 유사하지만 서로 다른 카운슬링, 멘토링, 컨설팅과의 개념 비교를 해보면 코칭의 정의가 더욱 분명해진다. 앞서도 누차 설명해왔듯이 코칭은 피코치가 스스로 자신의 문제를 인식하고 그 해결책을 찾아 현재보다 더 나은 삶을 위해 목표를 정하고 변화하도록 돕는 일련의 과정인 것이다.

코칭의 전제조건

코칭에는 전제조건이 있다. 코칭이 원활하고 성공적으로 진행되기 위해서는 코칭을 시행하기에 앞서 기본적으로 가져야 하는 생각이 있다. 이런 전제조건을 충분히 공감하게 될 때 코칭이 훨씬 파워풀해질 수 있다. 코칭의 기본 바탕에 깔려 있는 개념에 대한 확신이 부족한 상태에서는 코칭으로 인해 가져올 변화와 성장에 대한 결과에 대해서도 확신이 덜할 것이기 때문이다.

코칭에서는 일반적으로 다음 세 가지를 전제조건으로 들고 있다. 첫째, 모든 사람은 능력이 있다. 둘째, 필요한 해답은 그 사람의 내부에 있다. 그리고 셋째, 파트너가 필요하다는 것이다.

코칭의 첫 번째 전제는 모든 사람을 능력이 있는 존재로 보는 것이다. 심리학적인 관점에서는 칼 로저스가 주장한 인간중심적 측면이며, 경영학에서는 Y이론적 관점을 견지하고 있는 것이다. 사람의 능력은 대체로 뇌와 관련이 많다. 그러면 사람은 평생 뇌의 몇 퍼센트 정도를 사용하는 것일까? 이 물음에 정확히 대답할 수는 없지만 천재로 알려진 아인슈타인도 대략 자신의 뇌세포 중 약 10퍼센트 정도 사용했다고 한다. 일반인은 평균 3퍼센트 내외를 사용한다고 한다. 아직 사용하지 않은 97퍼센트에 잠재되어 있는 능력은 엄청나다고 볼 수 있다. 단지 3퍼센트만을 사용했을 때에도 이만한 능력을 발휘하고 있는데, 전부를 활용한다면 그 능력이 거의 무한대로 커질 수 있을 것이다.

우리 몸 세포 중 사용할수록 좋은 곳이 두 군데 있다고 한다. 근육과 뇌다. 관절이나 다른 장기는 사용할수록 점차 노화되어 쇠퇴해가지만, 근육과 뇌는 다르다. 근육을 사용하지 않고 가만 놔두면 금세 힘이 빠져 약해지는 것을 볼 수 있다. 청소년 시절에 한번은 왼쪽 무릎 십자인대를 다쳐 깁스를 한 적이 있었다. 3개월 정도 왼쪽 발 대신 목발에 의지했었다. 그 3개월 사이 왼쪽 발의 근육이 볼품없이 줄어드는 것을 목격했다. 오른쪽 발과 왼쪽 발의 종아리가 눈에 띌 정도로 차이가 난 것이다. 같은 사람의 몸에서도 사용하느냐 그렇지 않느냐에 따라 이렇게 달라진다.

뇌를 활용하는 것도 마찬가지일 것이다. 뇌를 통해 우리가 활용하는 기억력, 추리력, 논리력, 상상력 등이 쓰면 쓸수록 활성화되고 힘을 받을 것이다. 뇌세포가 부족하여, 즉 용량이 달려서 사용하지 못하는 경우는 없다. 그래서 가만 놔두면 갈수록 시들해져가는 뇌를 활성화시키기 위해 가능한 머리를 많이 쓰라고 권하는 것인가 보다.

하다못해 가족이나 친구의 전화번호라도 핸드폰에 저장된 대로 단축번호를 누르지 않고 번호를 일일이 눌러보는 것이다. 어릴 적에 좋아했던 시구를 암송하거나, 자주 부르는 18번 노래 가사는 외워 부르는 것이 한 가지 방법이 될 수 있을 것이다. 독서도 뇌를 활성화하는 데 두말 할 필요 없이 좋다.

두 번째 전제는 필요한 해답은 그 사람의 내부에 있다고 본다. 심리학의 기초를 놓은 프로이드는 처음으로 사람의 의식을 의식과 무의식으로 나누었다. 그리고 밖으로 표현되고 우리가 볼 수 있는 있는 부분인 의식은 마치 빙산의 일각과 같이 아주 작다고 말했다. 사람이 평소 잘 느끼고 알지 못하는 부분이 바닷물에 잠겨 있는 빙산처럼 무의식으로 큰 자리를 차지하고 있다고 했다. 이 무의식을 잠재의식 또는 닫힌 의식이라고 하는데, 이 무의식 속에 많은 것이 있다고 보는 것이다.

물론 프로이드가 주장한 것처럼 어렸을 때 부모나 환경으로부터 받았던 상처, 두려움, 불안 등 심리적으로 부정적인 요소들이 무의식 속에 있을 것이다. 그런데 차츰 이 무의식 속에 병리적인 요인들 외에 살아오면서 배우고, 경험하고, 학습한 것들이 쌓여 있다고 보는 사람들이 많아졌다. 우리가 직간접의 방법으로 학습한 것들은 잊어버린 것 같지만 잠재의식에 담겨 있다고 보는 것이다. 평소 사람들의 생각의 흐름은 빙산의 위쪽에 나와 있는 의식의 세계만을 활용하는 데 그친다. 잠재의식까지 들여다보고 활용할 때가 거의 없다.

그런데 질문을 받게 되면 비로소 의식의 흐름이 내부로 향하게 된다. 질문에 대한 답을 찾고자 하는 본성에서 자신의 잠재의식을 살펴보는 것이다. 이미 경험한 일들 중에서 이 질문에 대답할 재료는 없을까? 아니면 자신이 읽었던 책과 자료를 통해, 또는 다른 사람의 이야기를 통해 습득한 지식과 정보 중에 적당한 답은 없을까? 하고 생각하는 것이다. 그리고 질문 외에도 개인명상이나 통찰을 통해서도 의도적으로 의식의 흐름을 내부로 향하게 할 수 있다고 한다. 그래서 자신의 잠재의식에 무엇이 있는지, 무엇을 원하는지를 알아가는 방법으로 명상을 자주 권하기도 한다.

문제를 해결하기 위해 필요한 해답은 본인의 내부에 있다는 이 두 번째 전제는 개인의 잠재의식과 밀접한 관련이 있다. 잠재의식에 그동안 겪은 경험과 학습되고 자각한 다양한 지식이 축적되어 있고, 또 자신이 가장 원하는 것 또한 잠재의식 속에 있다고 보기 때문에, 자신이 가장 원하는 해결책을 본인의 내부에서 찾아낼 수 있다고 보는 것이다. 우리가 겪는 문제는 개인마다 다르고 해결책도 다르다. 한 배에서 태어난 형제도 성격이 다른데, 세상 누구도 본인과 같은 사람은 아무도 없다. 세상에 이미 나와 있는 일반적인 교훈이나 원리는 각자에게 참고는 될지언정, 각 개인에게 맞는 맞춤형 해답은 아닌 것이다. 이 사람에게는 딱 맞는 충고가 저 사람에게는 전혀 먹히지 않을 수 있는 것이다. 자신의 문제는 자신이 가장 잘 알고, 또 자신이 가장 절박한 것이다. 인생을 통달한 전문가라 할지라도 다른 사람의 감정과 마음을 '아마 이렇겠구나' 하고 짐작하는 정도이며, 일반적인 방법으로 충고해주는 정도다.

셋째, 코칭에는 파트너가 필요하다. 코칭의 정의에서도 파트너십이라는 개념이 강조되고 있는데, 성공적인 코칭이 되기 위해서는 훌륭한 파트너를 만나는 것이 중요하다. 파트너는 동반자의 관계다. 코칭을 위해 만나는 코치와 피코치의 관계가 동반자의 관계라는 것이다. 코치가 피코치에게 일방적으로 지시하거나 가르치는 관계가 아니다. 함께 고민하고 함께 해결책을 모색해가는 관계다.

코칭의 영역 중에 스스로 혼자서 하는 셀프 코칭이 있다. 자문자답의 형식을 빌려, 문제를 탐색하고 개선책을 마련해가는 것이다. 실천과 점검, 평가도 스스로 해나간다. 성실성이 출중하고 어떤 환경에도 굴하지 않는 의지가 강하다면 셀프 코칭에 도전해볼 수도 있을 것이다. 그러나 혼자 하는 코칭에는 한계가 있기 때문에 많이 권하지 않는 추세다.

코치와 피코치가 서로 파트너 관계를 형성해 코칭을 하게 되면 여러모로 좋다. 코칭을 진행하는 과정이 매번 순풍에 돛단 듯이 진행되지는 않는다. 예기치 못한 어려움을 만날 때가 있다. 처음에는 강하고 굳은 마음을 가지고 시작한 코칭이라 할지라도 힘든 상황에 부닥치면 코칭을 그만 포기하고 싶은 생각이 든다. 이럴 때 함께하는 코치가 피코치의 마음을 읽어주고, 다시금 시작할 수 있도록 격려하고 지지하는 것이 필요하다. 또 스스로 묻고 답하는 자문자답만으로는 관점의 변화를 가져오기가 쉽지 않다. 예상치 못했던 질문, 지금까지 한 번도 생각해보지 않았던 질문을 받을 때 새로운 시각이 생길 수 있다. 이런 질문을 바로 피코치와 파트너를 맺고 있는 코치가 적절한 시기에 하는 것이다. 코치는 그동안의 관찰과 경험을 통해 피코치의 관점변화와 깊은 통찰을 위해 파워풀한 질문을 던지는 것이다.

지금, 코칭에서 답을 찾는 이유

우리가 사는 사회는 계속 변화하고 있다. 세상에 변하지 않는 것은 없다고 해도 크게 틀린 말은 아닐 것이다. 겉으로 보이는 문명의 발달, 생활양식은 물론 보이지 않는 사람들의 생각과 가치관까지 바뀌고 있다. 이런 변화의 진행과정 속에서 인문사회적인 각종 이론은 새로 태어나고 소멸하는 과정을 반복하고 있다. 새로운 이론이 등장하면, 그것이 현재 상황에 맞는지 검증하고 적용하면서 더욱 발전시키기도 하고, 맞지 않을 때에는 가차 없이 버리기도 한다. 코칭도 이런 메커니즘 속에서 새롭게 태어난 하나의 자기계발 이론이라고 볼 수 있을 것이다.

코칭이 우리 사회에 등장한 지는 얼마 되지 않았다. 짧은 시간에 이 만큼 확산된 데에는 분명 그만한 이유가 있을 것이다. 코칭에서 주장하는 개념과 실제 적용방법이 현재 사회의 흐름에 맞는다는 반증일 것이다. 개개인은 누구나 성장과 발전에 대한 욕구가 있는데 그 필요를 채워주고 있는 것이다. 또 이렇게 변화된 개인은 속한 조직에도 궁극적으로 성과향상에 도움을 주기 때문에 코칭이 주목받고 있는 것이다.

    과거 우리 사회에서는 대체로 지도자 또는 어느 부문의 전문가가 나름대로 해답을 가지고 있었다. 그래서 어떤 문제에 봉착하면 전문가가 제시하는 해답을 따라가면 대부분 문제를 해결할 수 있었다. 사회가 요즘처럼 복잡하지 않고, 장래의 변화가 예측 가능하고, 사람들의 사고와 행태도 대체로 일정했기 때문에 가능했을 것이다. 그러나 지금은 그렇지 않다. 사회 흐름을 반영하는 신문, TV 등 매스컴을 보면 금방 그것을 읽을 수 있다. 최근에 부쩍 늘어난 다문화가정, 가족에 대한 생각의 변화, 일인가구의 증가 등 불과 십년 전만 해도 생각지 못한 일들이 우리 눈앞에 펼쳐지고 있다. 물가를 예측하고, 수출과 수입, 경제성장을 미리 내다보는 것도 복잡해지고 자주 바뀌는 것을 볼 수 있다. 경제예측 전문가들은 글로벌 금융위기 이후 경제금융분야의 변동폭이 매우 커졌다고 한다. 한마디로 우리를 둘러싼 모든 경제사회, 자연환경의 변화의 폭과 속도가 크고 빨라졌다는 것이다. 이에 따라 개인이 환경 속에서 문제의 해결책을 찾기가 쉽지 않아졌다. 상황이 이렇다 보니 코칭이 문제의 해답을 찾는 데 길을 제시하고 있다는 측면에서 각광을 받고 있다.

    전에는 재화나 서비스의 공급이 생산자 중심이었다. 물건을 만드는 사람이 사람들이 필요로 하는 것을 예측하여 시장에 내놓은 것이다. 지금은 이렇게 단편적으로 물건을 생산해서는 경쟁에서 이길 수 없다. 물건을 사용하는 소비자의 다양한 욕구가 반영되어야만 살아남을 수 있다. 교육기관도 공부하는 학생의 필요를 채워주는 학교가 경쟁력 있다. 의료서비스를 제공하는 병원은 어떤가? 병원도 의사 중심이 아니라 의료서비스를 이용하는 환자나 보호자 중심으로 가야 성장할 수 있다. 사회 모든 부분이 공급자 중심에서 사용자 중심으로 바뀌고 있는 것이다.

해답은 생산자가 아닌 소비자가 쥐고 있으며, 조직은 이제 상급자가 아니라 부하직원이 쥐고 있다. 일방적으로 지시하고 자신만을 따라오게 하는 방식은 구시대적이다. 조직 구성원이 자발적으로 조직에 헌신하도록 하는 리더십을 발휘해야 한다. 코칭은 이 같은 조직원의 자발성을 이끌어내는 데 가장 적절한 도구로 평가받고 있다. 이 점에서 코칭이 대안이 될 수 있으며, 왜 코칭인가에 대한 답이 될 수 있을 것이다.

한편 코칭은 다양한 아이디어를 모을 수 있다는 이점도 있다. 조직의 리더 한 사람이 이끌어간다면 그 조직은 결론적으로 한 사람의 아이디어에 의존하고 있는 것이다. 그런데 조직원 모두가 자발적으로 참여한다면, 조직원 수만큼 다양한 아이디어를 가지고 조직을 운영할 수 있다. 한 사람의 아이디어와 여러 사람의 아이디어의 승부는 명확하게 갈린다. 또한 아이디어의 수에서 뿐만 아니라 어느 면에서는 질적인 면에서도 조직원의 아이디어가 나을 수 있다. 조직의 장보다는 부하직원이 고객과 직접 상대하는 경우가 훨씬 더 많기 때문에 고객 입장에서 고객에게 필요한 것을 찾아낼 확률이 높기 때문이다.

깨달음 〉 사랑 〉 용기

자각을 떠올리면 은행에서 직급별 연수를 받을 때 들었던 강의 내용이 생각난다. 조직 활성화를 주제로 한 리더십 강의였다. 처음부터 끝까지 쭉 강연만 하는 일반 강의와 달리 테마가 들어 있는 역할연기인 연극도 있었고, 조별 토의와 발표도 있어 전체적으로 따분하지 않게 진행되었다. 조별 활동 중 의식의 순위를 정해서 발표하는 시간이 있었다. 이를테면 사랑, 용기, 슬픔, 두려움 등 각종 의식에서 나오는 에너지가 크다고 생각되는 순으로 조별로 논의하여 정하는 것이었다. 사람이 가질 수 있는 의식의 종류를 먼저 정하고, 그 의식의 에너지 양을 가늠하여 순서를 매기는 방식으로 진행되었다. 조별 토의 결과 도출된 결론은 전지에 큼지막하게 써서 강사에게 제출했다.

대부분의 조에서 '사랑'이라는 의식이 맨 꼭대기를 차지했다. 사람들에게 가장 지고지순한 의식 중 사랑만한 것이 어디에 또 있으며, 그 사랑이 있을 때 살아갈 힘이 가장 많이 샘솟지 않을까 하는 데에는 너 나 할 것 없이 공감하는 것 같았다. '용기'를 상위에 올려놓은 조도 있었다. 그럴듯해 보였다. 어릴 적에 자신보다 덩치가 큰 녀석과 다툼이라도 일어나면, 스스로 용기를 다잡기 위해 주먹을 불끈 쥐었던 일이 저절로 생각나 맞을 수도 있겠다는 생각이 들었다. 의식의 가장 1순위는 사랑일까 아니면 용기일까? 모두들 이런 생각을 하고 있었다.

그런데 강사가 주장하는 의식의 첫 번째 항목은 사랑도 아니고 용기도 아니었다. '깨달음'이었다. 강사는 데이비스 호킨스 저서 《의식혁명》에서 설명하는 의식의 지도를 가지고 이 부분을 설명했다. 깨달음(자각), 사랑, 용기, 두려움, 슬픔 등 각종 의식을 수치화해 비교해주었다. 의식지도에 따르면 깨달음의 에너지 수준은 700~1000이었고, 사랑은 500이었으며 용기는 200에 지나지 않았다. 수강생이 생각하고 있었던 사랑이나 용기는 1위가 아니었고 깨달음에 훨씬 못 미치는 낮은 수준의 의식이었다. 깨달음, 즉 자각한다는 것이 이렇게 큰 파워가 있는 것이구나 하고 인식하는 순간이었다.

그리고 의식의 에너지 수치가 200이 넘는 것은 파워(Power)로 표기하여 잠재력을 나타내는 데 반해 200 이하는 포스(Force)로서 외부의 물리적인 힘에 의해 움직이는 부분이라고 설명했다. 최소한 무엇인가 자발적으로 움직이려면 의식의 수준이 200 이상이 되어야 한다는 것이다. 즉 200 이상의 의식인 용기, 기쁨, 평화, 사랑 등을 가져야 사람이 움직인다는 것이다. 자존심, 분노, 욕망, 두려움, 죄의식 등에 의해 움직이는 것은 자발성과는 거리가 멀었다.

코칭에서 중요하게 다루는 부분이 바로 이 자각이다. 자각은 일명 '아하 포인트'라고도 부르는데, 이는 우리가 무엇인가를 깨닫는 순간에 '아하' 하는 말이 절로 나오기 때문이다. 살면서 이런 순간이 얼마나 있었는지 생각해보는 것도 유익하다. 누가 가르쳐주지 않았는데, 무엇인가 골똘히 생각하다가 섬광처럼 떠오르는 깨달음. 이것이 일어나고 나면 그 다음의 일은 물 흐르듯이 저절로 풀린다. 자각의 순간이 밥 먹듯이 자주 일어나면 좋겠지만 그렇지 못하다. 코칭은 조금은 의도적이긴 하지만 피코치 스스로 자각할 수 있도록 안내한다. 피코치가 평소 보지 못하는 곳을 보도록 하고, 생각하지 못한 것을 생각해보도록 하고, 경험하지 못한 것을 느끼도록 하는 방법을 통해서 어떻게든지 자각할 수 있도록 돕는 것이다.

이런 자각 다음에는 책임이 뒤따른다. 남이 시켜서 하는 것은 억지로 하는 것인 만큼 책임감이 떨어진다. 시킨 사람의 눈을 의식해서 어쩔 수 없이 하는 것이다. 그런데 자신이 깨달은 다음에 하는 행동은 그 행동의 결과가 자신에게 어떤 영향을 미치는 것인지를 알기에 스스로 최선을 다하게 된다. 누가 보든지 보지 않든지 최고의 노력을 기울인다.

자각과 책임 있는 행동의 관계를 동기유발적인 측면에서 생각해보아도 비슷한 결론에 이른다. 어떤 행동을 하게끔 하는 동기유발은 크게 외재적인 요인과 내재적인 요인이 있다. "네가 이번 시험에서 100점을 맞으면, 장난감을 사줄게" 하는 것은 가장 흔히 사용되는 외재적인 유발요인이다. 장난감이라는 보상물을 얻기 위해서 하기 싫은 공부를 열심히 하는 것이다. 이에 반해, 만일 이 학생이 '나는 커서 훌륭한 사람이 되려면 공부를 잘해야 돼' 하는 깨달음이 있다면 그는 스스로 공부에 열중하게 된다. 이는 내재적 동기유발이다. 외재적인 유발은 외부의 보상이 계속해서 주어지지 않거나 마음에 들지 않으면 행동이 시들해질 가능성이 높다. 그러나 내재적 요인은 행동의 추진력이 목표를 달성할 때까지 계속될 가능성이 높다. 자기동기화의 효과가 지속적으로 발휘되기 때문이다.

행복을 위한 몇 가지 기술

사랑에도 기술이 필요할까? 이 질문에 이십대 젊은 시절에는 사랑은 그 자체의 순수함이면 족하지 기술 따윈 필요 없다고 생각했었다. 사랑에 기술이 끼어드는 순간 사랑은 변질되어버린다고 주장했었다. 그런데 세월이 많이 흐른 지금의 생각은 많이 달라졌다. 이제는 때때로 사랑에 기술이 필요하다고 본다.

사람의 마음에 보석 같은 사랑이 있다 하자. 이 사랑은 사랑하는 대상에게 적절한 방법으로 표현될 때 빛을 발할 수 있다. 내 안에 있는 보석을 당신이 좀 발견하고 사랑하는 마음을 알아달라고 하는 것이 옳은 방법일까? 상대방이 독심술이 있는 것도 아닌데, '내 마음을 그렇게 몰라?' 하는 마음으로 입 닫고 있는 것은 좋은 방법이 아니다. 어떤 식으로든 마음에 있는 것이 밖으로 표현될 때 상대가 느낄 수 있는 법이다. 이렇게 표현하는 방법이 바로 '사랑의 기술'이지 않을까 싶다.

그리고 또 '나는 사랑해서 하는 말'을 상대방이 사랑이 아니라고 느낀다면 이것 또한 곤란하다. 뭔가 문제가 있어도 단단히 있는 것이다. 전달방식, 표현에 문제가 있는 것이다. 내가 A를 말하는데 상대는 B로 알아듣는다면 빨리 고쳐야 한다. 그래서 사랑의 기술을 배우고 익힐 필요가 있는 것이다. 사랑의 말과 행동이 무엇인지, 상대에 따라 어떻게 사용해야 하는지를 배워야 한다. 언제 표현해야 가장 좋은지를 알아야 한다. 사랑은 주는 사람의 입장에서가 아니라, 받는 쪽의 입장에서 사랑이라고 느낄 때, 진정한 사랑이 표현되었다고 할 수 있을 것이다.

자녀를 키우다 보면 이 부분에서 어긋나 사랑을 주고받아야 할 부모 자녀 사이에서 오히려 상처를 주는 경우를 많이 본다. 세상에 자식을 사랑하지 않는 부모가 어디 있으랴. 부모가 자신의 몸에서 태어난 자식을 사랑하는 것은 아마 천륜일 것이다. 그럼에도 자녀들은 부모의 사랑을 받지 못했다고 생각하는 경우가 상당히 많다. 어디에서 잘못된 것일까? 사랑의 표현방식에 문제가 있었던 것은 아닌지 돌아볼 일이다. 어디까지나 사랑을 받는 쪽에서 '내가 사랑을 받고 있구나' 하고 느낄 수 있어야 제대로 된 사랑일 것이다.

코칭을 진행하는 데에도 여러 가지 기법이 있다. 그로우(GROW)기법, 8단계 기법, S-TIPS 기법 등 이름만 들어도 머리가 아픈 방법들이다. GROW기법을 설명하면 이렇다. 코칭을 진행하는 프로세스를 첫째 목표를 설정(Goal)하고, 둘째 현실을 파악(Reality)하며, 셋째 현실을 고려하는 가운데 대안을 선택(Option)한 다음, 마지막으로 실천 가능한 계획을 수립(Will)하는 순서로 진행하는 것이다. 이상 네 가지 진행 순서의 영어 이니셜을 따서 G-R-O-W기법이라고 지칭하고 있다.

8단계 기법은 총 여덟 가지 단계를 밟아나가는 방법이다. 지지하기, 주제 확인하기, 파급효과를 알게 하기, 계획수립 단계, 실천 약속을 받아내기, 변명에 대처하기, 결과를 명확히 하기, 포기하지 않기 등의 순으로 진행된다. 이 기법에서 처음에 나오는 '지지하기'는 코칭을 처음 시작할 때 사용하지만, 나머지 일곱 단계의 모든 부분에도 공통적으로 적용된다는 특징이 있다. 예를 들어 네 번째의 계획을 수립하는 단계를 진행할 때에도 피코치가 내놓은 계획에 대해 지지해주라는 것이다. 코치는 GROW기법이든 8단계 기법이든 피코치의 상황과 자신의 경험에 비추어 가장 적절한 방법을 선택한다.

코치가 어느 한 기법을 활용하기로 선택하면, 피코치와의 코칭세션을 그 프로세스에 의해 진행하게 된다. 코칭에 임하는 피코치는 코치가 이끄는 대로 따라오므로 어떤 방식으로 진행되는지 알지 못하지만, 주도적으로 이끌어가는 코치의 머리에서는 코칭의 진행단계가 쉼 없이 돌아가고 있는 것이다. 이를테면 코치가 GROW기법을 선택하여 그 첫 단계로 목표를 설정(Goal)하는 단계라면, 코치는 이번 코칭에서는 무엇을 얻기를 원하는지, 목표가 무엇인지 등을 질문함으로써 피코치의 목표를 설정하는 데 도움을 주려고 노력하는 식이다. 간혹 피코치의 답변이나 생각이 목표를 수립하는 데에서 벗어나려고 하면 다시 목표를 생각하는 데로 되돌리려고 한다. 이런 일련의 프로세스를 가지고 행해야만 코칭이 질서 있게 진행된다는 것은 부인할 수 없다. 이런 점에서 코칭은 일정 부분 스킬적인 요소가 있다고 할 수 있다.

그러나 백퍼센트 스킬에만 치중하는 코칭이 과연 효과적일까 하는 질문에는 확답하기 곤란하다. 코치가 코칭을 진행하는 단계에만 신경을 쓰다 보면 종종 피코치와의 진정한 교감을 이루지 못할 수 있다. 현재 눈앞에 있는 피코치에 집중하여 공감하고 지지해주어야 하는데, 피코치의 목표를 설정했으므로 이제는 현실을 파악하는 단계로 넘어가야 하는 것에만 주력한다면 피코치의 마음은 금세 식고 말 것이다. 코치가 큰 틀에서 코칭 프로세스를 기억하고 있되 세부적인 진행 상황에서는 피코치의 흐름에 따라가주는 것이 중요하다. 즉 앞서 언급한 GROW기법이나 8단계 기법 등에 대해 충분히 숙지는 하고 있되 강요는 하지 않는 것이다. 실제 코칭이 이루어지는 현장에서 이것을 백퍼센트 적용하기란 결코 쉽지 않지만, 동어반복을 무릅쓰고 다시 한 번 설명하자면 '코칭기법을 충분히 숙지하고는 있으되 그것을 잊어버리고 지금 현재 앞에 있는 피코치에 집중'하라는 것으로 설명할 수 있겠다.

자전거를 익히는 방법을 생각해보면 조금 이해가 될 듯하다. 처음 자전거를 타지 못하는 사람이 자전거를 타려면 넘어지지 않고 달리는 방법을 배워야 한다. 핸들을 넘어지려는 방향으로 틀고, 올라타는 즉시 넘어지지 않을 만큼 페달을 밟아주어야 하는 등 몇 가지 방법이 있다. 의식적으로 기억하면서 몸에 체득될 때까지 연습해야만 자전거를 탈 수 있다. 그후 자전거 타는 것을 온전하게 익히고 난 다음에는 어떻게 하면 자전거를 잘 탈 것인지 생각하지 않고서도 노련하게 탈 수 있다. 무의식적인 가운데 행동이 나오는 것이다. 코칭을 진행할 때 코칭 프로세스를 의식하지 않고서도 자연스럽게 코칭을 이끌어갈 수 있어야 한다는 것이다.

무엇인가를 배우는 성인학습의 진행은 네 가지 단계를 거친다고 한다. 처음에는 자신이 무엇이 좋은지를 알지 못하고 또 행하지도 않는 무의식-무행동의 단계다. 다음에는 이제 무엇이 좋은 행동인지는 알지만 행동은 아직 일어나지 않는 의식-무행동 단계다. 세 번째 단계는 좋은 행동을 의식적으로 노력해서 하는 의식-행동의 단계고, 마지막으로 성인학습의 최고의 단계는 좋은 행동을 해야겠다고 생각하지 않아도 저절로 나오는 무의식-행동의 단계다. 자전거를 잘 타야겠다고 생각하지 않고서도 저절로 잘 타는 단계다.

코칭의 스킬을 적용하는 것도 이런 측면에서 설명해볼 수 있다고 생각한다. 코칭의 초보 단계는 코칭 프로세스를 어떻게 적용할 것인가 의식적으로 신경 쓰지만, 완숙 단계에서는 의식하지 않는 가운데서도 코칭의 프로세스가 적절하게 적용된다고 할 수 있다. 그러므로 코칭은 스킬이 필요하면서도 완숙의 경지에 이르면 스킬을 넘어선다고 말할 수 있을 것이다.

자기조절모형

요즘 냉난방 시스템에는 대부분 자동 온도조절기가 붙어 있다. 20도에 온도를 맞춰놓으면 이 시스템은 외부 온도가 20도보다 낮으면 따뜻한 바람을 내보낸다. 계속 난방이 가동되어 온도가 올라 20도가 되면 저절로 난방이 멈춘다. 그러다가 다시 기온이 떨어지면 난방이 가동되는 시스템이다. 20도라는 목표가 정해지면 이를 달성하기 위해 난방 시스템이 작동되고, 수시로 외부 기온을 체크하여 반영된다는 것이다. 냉방 시스템에 붙어 있는 온도조절기도 마찬가지다. 세팅된 목표 온도로 내려갈 때까지 찬바람을 보내다가 도달하면 멈추는 작용이 반복된다.

이런 자동 온도조절기와 같은 모형이 사람에게도 일어날 수 있을까? 건강한 사람의 신체 온도인 36.5도에 맞추기 위해 우리 몸은 자율신경계가 저절로 반응한다. 몸속의 온도가 올라가면 땀을 배출하여 온도를 떨어뜨리고, 반대로 내려가면 몸을 움츠리거나 땀샘의 구멍을 닫아 체온을 유지하려고 한다. 사람의 의지와 상관없이 움직이는 자율신경계가 아닌 의지의 영역에서 이렇게 작동되는 부분은 없을까?

사람들의 일상생활 속에서 일어나는 '자기조절모형'이 냉난방 시스템에 장착되어 있는 자동 온도조절기와 유사하다는 생각이 든다. 간단한 예를 들어 다이어트를 하겠다고 생각하는 사람이 있다고 하자. 이 사람은 처음에 자신의 체중을 살펴본 뒤 언제까지 몇 킬로그램의 체중을 감량하겠다고 목표를 정한다. 그런 다음 목표를 달성하기 위해, 운동량을 늘린다든지 아니면 식사량을 줄인다든지 나름대로 실천계획을 수립하여 행동한다. 다이어트를 진행하는 도중, 자신의 체중을 수시로 점검하여 목표에 얼마나 근접했는지를 점검한다. 점검결과 지금까지 목표대비 다이어트 실천 행동이 효과가 있는지 여부를 따져보는 평가과정을 가진다. 평가를 통해 당초에 세운 목표 달성이 어렵다면 목표를 수정하거나 보다 강화된 실천계획을 마련할 것이다. 이런 일련의 과정을 요약해보면 '목표설정-행동실천-결과점검-결과평가-목표 또는 행동수정'의 순으로 정리된다. 이는 냉난방 시스템에 붙어 있는 자동 온도조절기가 원하는 '온도설정-냉난방 시스템 가동-외부온도 체크-재가동 또는 일시작동 정지'의 순으로 진행되는 것과 유사하다는 것을 알 수 있다.

코칭을 자기조절모형이라는 관점에서 볼 때 우리는 일상에서 자신이 의식하지 않는 가운데에서도 코칭적 상황을 빈번하게 접하고 있다고 할 수 있다. 무의식적으로 작동되는 자율신경뿐만 아니라 의식적인 측면에서도 스스로 조절하려는 부분이 꽤 있다. 일정한 목표에 도달하려는 정도의 차이는 있을지언정 어떻게 하든지 목표를 달성하려고 하는 속성은 같다고 할 수 있을 것이다.

상대방의 성장과 변화를 도와주는 코칭의 속성을 보여주는 것으로 자동 온도조절기 외에 인큐베이터도 생각해볼 수 있다. 인큐베이터는 미숙아의 성장 및 발육을 도와주는 기기다. 혼자 힘으로 성장할 수 없는 신생아를 혼자 힘으로 성장할 때까지 위생과 영양 측면에서 최적의 상태를 마련하여 도움을 주는 것이다. 피코치의 현재 미숙한 상태에서 바람직한 방향으로의 성장 발전을 도모하는 코칭의 속성이 이 인큐베이터 기능과 유사하다.

그런데 여기에서 도움을 준다는 의미를 보다 명확하게 할 필요가 있다. ≪마법의 코칭≫의 저자 히데다케는 코칭을 헬프(Help)가 아닌 서포트(Support)라고 설명하면서 돕는다는 것의 미묘한 차이를 구분하고 있다. 그의 설명에 따르면 길을 가다가 맨홀에 빠졌을 때 지나가는 사람에게 도와 달라고 하는 것은 헬프이고, 사다리를 이용해 지붕에 올라가려고 할 때 도움을 요청하는 것은 서포트라고 구분하고 있다. 이 두 가지 상황을 세부적으로 나누어서 관찰하면 이해가 간다. 먼저 둘 다 상대방에게 도움을 요청하는 점은 같다. 그런데 도움을 요청하는 사람이 처한 상황과 도움을 요청한 사람과 도움을 주는 사람의 관계는 다르다.

맨홀에 빠진 사람인 경우에는 자신의 힘으로는 거기에서 나올 수 있는 형편이 못된다. 무력한 상태인 것이다. 이 경우에는 밖에서 손을 넣어 구해준 사람이 꼭 필요한 관계다. 그런데 높은 곳에 오르기 위해 사다리를 잡아 달라고 요청한 경우에는 자신의 힘으로 어느 정도 문제를 해결할 수 있는 상황이다. 도움을 주는 사람과의 관계도 반드시 필요한 존재는 아니며 서로 협동적인 관계라고 볼 수 있다. 즉 첫 번째의 경우는 문제가 있는 마이너스(-) 상태에 있는 사람을 문제가 해결된 제로(0)의 상태가 되도록 도와주는 의미가 있고, 두 번째의 경우는 문제가 없는 제로(0) 상태에서 무엇인가를 이루려고 하는 플러스(+) 상태에 이르도록 지지해주는 의미가 함축되어 있다.

코칭은 인생 '곳곳'에 '언제나' 있다

코칭이 필요한 영역은 어디일까? 결론부터 말하자면 삶의 전 영역에 코칭이 필요하다고 생각한다. 눈 뜬 다음에 생활하는 모든 영역에 코칭이 적용될 수 있다. 공부하고, 일하고, 사람을 만나고, 또 자신을 가만히 되돌아보는 것 등 코칭은 일상의 모든 부분에 적용되는 전방위적이다.

물론 코칭이 처음 도입된 분야가 비즈니스분야이다 보니, 이 부분이 가장 활성화되어 있기는 하다. 코칭 하면 사람들은 직관적으로 개인과 조직의 성과를 높이기 위해 코칭 스킬을 어떻게 적용할 것인지에 대해 얘기하는 것으로 이해한다. 기업체의 CEO, 고급간부 및 중간관리자를 대상으로 한 코칭이 코칭 시장에서 활발하게 진행되고 있기 때문이다. 코치와 피코치가 만나 개인의 리더십 함양, 능력 계발, 조직 구성원 간의 관계개선 등에 중점을 두고 진행된다.

조직 구성원의 역할 향상에 초점을 맞춘 코칭이 비즈니스 코칭이라면, 개인의 삶의 개선에 초점을 맞춘 것은 라이프 코칭이라고 한다. 지금보다 더 행복하고 기쁜 삶을 살아갈 수 있다는 전제 하에 그렇지 못한 부분을 발견하고 고쳐나가는 것이 라이프 코칭이다. 성인이 아닌 공부하는 청소년을 대상으로 하는 코칭에는 또 학습 코칭이 있다. 학습 코칭의 주된 관심은 왜 공부해야 하는지, 공부하는 목적이 무엇인지를 발견하게 해주는 데 있다. 공부를 어떻게 하면 효과적인가에 대한 부분도 다루고 있지만 보다 더 핵심적인 것은 공부해야 할 이유를 발견하게 하는 것이다. 학생이 공부에 대한 분명한 목적을 깨닫게 되면 공부하라는 외부의 잔소리가 아니라 스스로 공부하게 된다. 주도적 학습이 이루어지는 것이다.

이밖에 커리어 코칭이라는 진로 코칭 영역도 있다. 고등학교의 이과 문과를 선택하거나 대학의 전공과목 선택을 돕기 위해, 향후 자신의 진로를 결정하는 데 도움을 주기 위한 코칭이다. 사람은 저마다 자신이 좋아하고 즐겨 하는 흥미 영역이 다르다. 자신이 좋아하고, 능력이 있는 분야에서 일할 수 있다면 최고의 선택이 될 것이다. 가치관, 흥미, 적성을 미리 따져보고 그것에 맞는 진로를 찾는 것이 이제 사회생활 첫발을 내디디게 될 청소년들에게 절대적으로 필요할 것이다.

때로 진로 코칭은 이미 직장에 다니고 있는 성인에게도 필요하다. 현재 다니고 있는 직장이 본인의 적성에 맞는지 점검해볼 필요도 있고, 때로는 이직을 검토하거나 새로운 일을 하고자 할 때 진로 코칭이 필요하다. 또 제2의 인생이라고 할 수 있는 정년 이후의 삶을 설계하기 위해서도 진로 코칭의 도움을 받을 수 있다.

우리가 생활하는 일상에서도 코칭이 활발하게 적용되고 있다. 담배를 끊는다든지, 다이어트를 하고 싶다든지, 운동을 하고 싶다든지 어떤 것이든지 자신의 생활을 개선하고 싶은 것은 무엇이나 코칭 주제가 될 수 있다. 인간관계의 개선, 의욕 충전, 독서, 미래의 목표설정 등 성장과 관련된 것 또한 코칭 주제로 다루어진다. 코칭의 영역은 전 방위적이다. 어떤 부분은 코칭이 되고 다른 부분은 코칭이 안 된다고 하는 것이 오히려 이상하다. 삶의 변화와 성장을 그 목적으로 할 때 제외될 영역이 없기 때문이다. 직장에서의 삶, 가정에서의 삶, 여가와 개인 취미 영역까지 모든 부분이 변화와 성장에 관련되기 때문이다.

또 코칭이 시간적으로 특정 시점에 국한된 것이라고 말하는 것은 코칭의 의미를 매우 좁게 해석한 것이다. 물론 코치와 피코치가 코칭 계약을 하고 특정한 시간에 만나서 진행하는 것에 비추어 설명한다면 코치와 만나는 그 시간이 코칭에 해당될 것이다. 그런데 코칭심리학과 동기생들과 코칭의 생활화라는 목표를 가지고 코칭을 실습하는 중에 문득 이런 생각이 들었다. 그날 코칭의 주제는 '어떻게 하면 코칭을 더 잘할 수 있을까?'였다. 나는 피코치가 되고 상대 동기생은 코치가 되어 코칭대화를 주고받았다. 코칭의 전문가가 되려면 코칭이 생활화되어야 한다. 매번 코칭을 실습하기 위해 실습생을 구할 수도 없고, 현실적으로 매일 피코치를 만날 수도 없다. 이 문제를 어떻게 해결할 수 있을까 하고 생각하는 중에 일상에서 만나는 모든 사람들과의 대화를 코칭의 관점에서 이끌어가면 되지 않을까 하는 생각이 들었다. 스스로 코칭적 마인드를 가지고 일상 대화에 임하면 일상 대화가 바로 코칭이 될 수 있을 것이다. 생각이 여기에 미치자 머릿속이 환해지는 느낌이 들었다.

    생각을 바꾸자 하루 24시간 코칭 속에서 살아가는 자신의 모습이 보였다. 사람이 살아가는 순간 의식을 가지고 바라보면 언제나 변화하고 성장할 수 있는 기회를 포착할 수 있을 것이다. 이런 점에서 코칭의 시간적인 개념에서도 '항상'이라는 말을 붙이는 데 무리가 없다고 본다. 한마디로 코칭은 언제든지 어떤 분야든지 전 방위적으로 적용할 수 있다는 결론에 이를 수 있겠다.

코치형 리더가 대세

조직을 효율적으로 이끄는 데 있어 전에는 관리자로서의 역할이 강조된 때가 있었으나 최근 요구되는 능력은 관리보다는 리더십이다. 리더와 관리자는 위치적으로 조직을 이끌어가는 점에서는 유사하지만 서로 다른 성격을 가진 존재로 규정하고 있다. 관리자는 대체로 안정과 효율, 절차와 통제 등을 중시하는 데 비해 리더는 변화와 도전, 비전과 창의 등을 중시한다. 관리자는 시스템과 구조에 초점을 맞추지만, 리더는 사람들에게 초점을 맞추며 주어진 일이 구성원에게 의미하는 바에 대해 관심을 갖고 그것이 왜 중요한 것인지에 대해 동의를 이끌어내려고 노력한다. 조직에 부여된 목표 달성을 효과적으로 제고하기 위해서는 관리능력보다는 리더로서의 능력이 보다 중요한 것이다.

관리자보다 리더의 역할이 더욱 요구된다면 이제 다음에는 과연 어떤 형태의 리더십이 보다 효과적인가 하는 질문이 남는다. 전통적인 리더 스타일은 지시하고 통제하는 형이었다. 지시의 매력은 신속하고 편리하며 리더에게 상황을 통제하고 있다는 느낌을 준다. 그러나 조직원들은 지시 앞에서 자신의 의견을 자유롭게 말하지 못함으로 말미암아 불만이 쌓이고, 이러다보니 업무에 대한 의욕이 떨어질 수 있다는 단점이 있다. 지시형에서 조금 발전된 것이 설득형이다. 이 리더는 아이디어를 내놓고 그것이 얼마나 좋은지 조직원들에게 설득한다. 이 방법은 지시형보다는 조금 더 민주적이라는 인상을 주지만, 결국 일의 추진 방향은 리더가 원하는 대로 실행하게 된다.

이에 반해 코치형 리더는 완전히 다른 차원이다. 리더와 조직원과의 코칭적 경청과 질문을 통해 다음과 같은 효과를 가져오게 된다. 먼저 조직원은 질문을 받음으로써 업무에 대해 생각하는 힘을 키우게 된다. 자신이 맡은 일에 요구되는 다양한 측면을 파악하고, 자신의 책임 하에 업무 진행방법을 선택하게 된다. 또한 리더는 부하직원으로부터 코칭 질문에 대한 대답을 들음으로써 조직원의 업무 실행 계획뿐만 아니라 그 의도도 알게 된다. 결과적으로 코치형 리더는 지시를 내릴 때보다 업무와 관련된 더 많은 정보를 얻게 되고 직원에 대한 상황 통제력도 높아진다.

코치형 리더가 리더십을 발휘하는 장면을 한번 그려보는 것이 이해가 쉽게 될 것이다. 팀원에게 업무를 지시한 지 시일이 꽤 지났는데, 업무진척이 지지부진하다고 가정해보자. 이때 코치형 팀장은 다음과 같이 접근할 것이다. 먼저 현실파악을 위해 '지금까지 업무가 얼마나 진행되었는지?'에 대해 묻는다. 이에 대한 답변을 충분히 들은 다음, '무엇 때문에 업무진척이 이렇게 더딘지?' 또는 '장애요인은 무엇인지?' 등에 대해 질문함으로써 팀원 스스로 문제의 원인을 분석하게 한다. 그 분석에 대해 인정되면 공감해주고, 생각이 다를 때는 서슴지 않고 의견을 말한다. 그 다음에는 '그렇다면 이제 앞으로 이 문제를 어떻게 극복할 것인가?' 또는 '현재 상황에서 할 수 있는 방안은 무엇인가?'라고 질문하여 앞을 바라보며 나아가게 한다. 이와 더불어 '그것을 진행하는 데 팀장인 내가 도울 수 있는 부분은 무엇인가?'라면서 팀원에게 적극 지원하겠다는 것을 덤으로 표현한다면 상하간의 관계개선은 물론 팀원의 업무의욕도 크게 높아질 것이다. 끝으로 '언제까지 이 일이 완성되겠는지?'라고 질문하면 스스로 생각하는 업무 시한을 정하게 되어 책임감을 가지고 수행하게 될 것이다.

물론 현실은 매우 복잡하고 다양하여 위에서 예를 든 것처럼 정형화된 방식으로 진행되지는 않을 것이다. 그러나 이와 같은 큰 틀을 염두에 두고 코치형 리더십을 발휘해나간다면 일방적으로 업무를 지시하는 것보다 훨씬 효율적이고 책임 있는 업무수행을 기대할 수 있을 것이다.

코치형 리더십이 가져다주는 유익은 조직의 성과향상 이외에도 여러 가지가 있다. 경청과 질문을 통한 활발한 의사소통으로 상하간의 관계가 증진되고, 리더는 직원이 책임감을 가지고 업무에 임함으로써 관리 감독이 줄어들어 더 중요한 일에 투자할 시간을 얻게 된다. 또 직원은 스스로 질문에 대한 답을 궁리해봄으로써 창의적인 자세로 업무에 임하게 된다.

코치형 리더십은 직장은 물론 직장 밖에서도 폭넓게 적용할 수 있는 행동방식이 될 수 있다. 가정과 개인 공동체 등에서 코치형 경청과 질문방식을 활용하면 전보다 훨씬 유익한 결과들을 가져올 수 있을 것이다.

3장

우리의
행복 찾기

―인간에 대한 이해가 행복한 관계를 만든다

인생의 99퍼센트를 구성하는 요소

사람은 관계를 떠나서 존재할 수 없다. 사람은 사회적 동물이며 혼자 살아갈 수 없는 존재다. 우리 삶의 99퍼센트는 관계에서 비롯된다고 보아도 틀리지 않는다. 우리는 태어나는 순간 부모와 관계를 맺고, 가정에 속해 형제와 친족과 관계를 형성한다. 자신의 뜻과 의지가 반영되지 않는 결과지만 어떻든 관계가 형성된 것이다. 이후 자라가면서 친구들과의 관계가 맺어지고 또 선생님과의 만남이 이루어진다.

성인이 되어서는 배우자와의 만남이 있고, 동료로서 관계, 공동체로서 관계, 지역모임의 일원, 취미 종교생활 등을 통해 여러 모양의 관계를 맺고 살아간다. 인생은 관계로 가득 차 있다. 이 관계는 누구나 원하는 행복과도 아주 밀접한 관련이 있다. 행복심리학의 대가 에드 디너 일리노이대 교수는 '매우 행복한 사람'이란 논문에서 사람과의 관계를 행복의 요체로 꼽았다. 222명을 대상으로 행복도를 측정해 상위 10퍼센트의 특성을 나머지 사람들과 비교한 결과였다. 최고로 행복한 사람은 혼자 있는 시간이 적고, 사람들을 만나고 관계를 유지하는 데 많은 시간을 할애한다는 것이다.

행복을 그리는 철학자라 불리는 세계적인 베스트셀러 작가 앤드류 매튜스가 쓴《관계의 달인》이라는 책이 있다. 복잡하고 어려운 관계를 어떻게 잘 이끌어갈 수 있는지에 대해 조언해주는 책이다. 제목에서부터 짐작이 가듯이 관계를 잘 만들어서 최종적으로는 달인의 경지에 이르자는 것이다. 이 책의 제목 옆에 달려 있는 부제가 눈에 들어온다. '인생의 99%는 관계가 만든다.' 삶의 거의 모든 것은 관계 속에서 시작되고 진행되어간다는 것을 말해주고 있다. 그 속에서 어려움도 생기고, 또 그 속에서 행복도 느낀다. 우리와 함께 울고, 웃으며 살아가는 사람들. 우리가 사랑하고, 믿고, 참으며 때로는 비난하고 피하고도 싶은 사람들과의 관계에 인생의 희노애락이 담겨 있는 것이다.

코칭에 관한 강의를 할 때면 단골로 사용하는 시청각 자료가 하나 있다. 요즘은 비주얼 세대라서 문자만 보여주고 말만 계속하면 아무리 좋은 내용이라도 얼마 지나지 않아 지루해한다. 간간이 우리 눈을 자극할 만한 동영상 자료가 제격이다. 관계가 중요하다는 것을 보여주는 영화로 꽤 오래 전인 2000년 개봉작 톰행크스 주연의 〈캐스트 어웨이〉 한 부분을 보여주곤 한다.

이 영화는 미국 택배회사 페덱스 직원인 주인공 척이 비행기로 해외 출장 중 기상악화로 무인도에 불시착하게 되어, 4년이라는 세월 동안 무인도의 삶을 견뎌낸 뒤 우여곡절 끝에 탈출에 성공해 다시 예전의 생활 터전으로 돌아온다는 것을 내용으로 하고 있다. 영화나 문학작품은 독자가 어떤 관점에서 보고 해석하느냐에 따라 감동이 달라진다. 이 영화도 혹자는 주인공 척과 연인 캘리와의 4년의 공백을 뛰어넘은 시간의 흐름 속에서 변치 않는 사랑이야기로 느낄 수도 있고, 또 혹자는 어떤 어려움과 고난도 이겨내는 인간 승리의 이야기로 볼 수도 있을 것이다. 그리고 사람이 관계를 떠나서 살아갈 수 없는 존재라는 명제에서 이 영화를 본다면, 또한 그 부분이 선명하게 보인다.

척은 아무도 없는 무인도에 불시착한 후 생존이 최대 과제가 된다. 생존을 위한 가장 기본적인 욕구인 먹고 마시는 것을 확보하는 것이 절실했다. 야자열매를 따먹고, 물고기를 잡으려고 애쓴다. 목숨을 유지하기 위한 최소한의 생리적인 욕구가 채워지자 척은 외로움과 무료함을 견디고자 스스로 친구를 만든다. 불을 지피다 나뭇가지에 손을 다쳐 홧김에 던져버렸던 배구공에 이름을 지어준다. '윌슨'이라고. 그리고 틈만 나면 이 무생물의 친구 배구공 윌슨과 이야기를 나눈다. 때론 단장도 시켜주고, 머리도 길러주며 하루 있었던 일상을 윌슨과 얘기하는 것으로 하루하루를 보낸다. 때론 감정이 복받쳐 심하게 싸워 윌슨을 집어 던져버렸다가도, 후회하고 찾아온 뒤 다시는 그렇지 않겠다고, 너는 둘도 없는 내 친구라며 윌슨을 안고 눈물을 흘리기도 한다.

여기에서 주는 메시지는 단순하다. 사람은 관계를 떠나서는 숨을 쉴 수가 없다는 것이다. 척이 4년의 무인도 생활을 이겨낼 수 있었던 것은 물론 먹고 마시는 생리적인 욕구가 채워지는 것이 절대적으로 필요했지만, 그에 못지않게 스스로 관계를 만들고 그 관계 속에서 생활했기 때문에 가능했던 것이다. 〈캐스트 어웨이〉의 이 장면을 편집해 보여준 뒤 관계의 중요성을 강조하면 수강생은 대부분 공감한다.

척이 무인도에서 생활해가는 모습을 보면, 경영학의 동기부여 이론에 등장하는 매슬로우 5단계 욕구단계이론 중 3단계까지 정확히 맞아 떨어진다는 것이 흥미롭다. 매슬로우는 사람의 행동을 유발하는 동기에 다섯 가지 단계가 있으며, 낮은 단계의 욕구가 충족되면 계층적으로 다음 단계로 이동한다고 주장했다. 첫 번째 단계가 생리적인 것으로 먹고 자는 것에 대한 욕구이고, 두 번째가 안전의 욕구로 신체적, 생존의 위험으로부터 보호받고자 하는 욕구이며, 세 번째는 사회적 욕구로 조직이나 집단에 소속되기를 원하는, 즉 관계를 맺고자 하는 욕구라고 설명하고 있다. 척이 맨 먼저 먹을 것을 찾는 데 주력했고, 다음에는 잠자리와 위험한 동물이 없는지 확인했고, 그 다음에는 배구공 친구 윌슨을 만들어가는 과정이 매슬로우의 설명과 일치한다.

사람은 기본적인 삶을 위해서 뿐만 아니라 성공을 위해서도 관계를 떠날 수 없다. 다시 한 번 강조하지만, 인생의 99퍼센트는 관계가 만든다. 가정과 직장, 일과 여가, 취미생활 등 모든 부분에서 관계가 좋다면 활력이 넘치는 생활을 할 수 있다. 심지어 새로운 일자리를 얻는 데도 관계의 힘이 작용되고 있다고 한다. 미국에서 조사한 자료에 의하면 구직자 세 사람 중 한 사람은 관계 속에서 일을 얻었다고 한다. 코칭은 이처럼 중요한 사람과의 관계를 다룬다. 본인과 다른 사람과의 관계는 물론, 자기 자신과의 관계까지도 코칭이 관심을 가지는 분야다.

나는 어떤 사람인가?

사물에 대한 이해를 빠르게 하기 위해서는 공통분모를 가진 것끼리 분류하는 것이 요긴하다. 그런 다음 이 그룹과 저 그룹과의 차이점을 파악하면 그 사물의 전형이 쉽게 손에 잡힌다. 사람에 대한 이해도 가끔 이런 방법을 활용하는 경우가 있다. 사람을 자신이 만든 기준에 따라 분류해보는 것이다. 학생시절 도덕을 가르치는 선생님이 '사람은 쓸모 있는 사람, 쓸모없는 사람, 있으나 마나 한 사람, 있어서는 안 될 사람' 등 네 가지 종류의 사람이 있다고 설명하면서, '너는 어느 부류에 속하고 싶으냐?'며 훈화했던 것이 생각난다. 또 사람을 남자와 여자로 구분하기도 하고, 혈액형을 기준으로 구분하기도 한다.

어느 소설에서는 이런 분류방법도 있다고 소개하고 있다. 세상에는 두 종류의 사람이 있다. 무엇을 해본 사람과 그렇지 않은 사람이 있다고 한다. 재미있는 것은 어떤 것이든 이 분류 방법을 적용할 수 있다는 것이다. 예를 들어 마라톤이 기준이라면 마라톤 풀코스를 뛰어본 사람과 뛰어보지 못한 사람으로 나눌 수 있고, 테니스가 기준이라면 테니스를 치는 사람과 그렇지 못한 사람으로 나눌 수 있다. 코칭을 기준으로 삼는다면 코칭을 받아본 사람과 그렇지 않은 사람으로 나눌 것이다. 그래서 무엇인가를 할 수 있거나 해본 사람은 그 세계에서 그들만의 생각과 경험을 공유한다는 것이다. 소설에 나와 있는 분류방법이었지만 제법 그럴듯해 보였다.

일반적으로 사람을 구분한다고 하면 대체적으로 성격유형에 따른 분류를 떠올릴 것이다. 사람을 각 개인의 성격 특성에 따라 구분하고, 구분된 성격유형의 설명을 보면서 고개를 끄덕이는 것이 보통 사람들의 이해 수준이다. 우리가 흔히 쓰는 성격이란 말에도 상당한 의미가 담겨 있다. 성격(personality)이라는 말은 어원적으로 탈 혹은 가면을 뜻하는 라틴어의 페르소나(persona)를 내포한 말로, 겉으로 사람들에게 보이는 개개인의 모습과 특성을 나타낸다고 한다. 즉 성격이란 각 개인의 생각, 감정, 행위 등이 일련의 행동방식으로 나타나는 것이라고 설명할 수 있다. 이 같은 성격은 관찰할 수 있는 사람들의 행동을 바탕으로 판단되며, 개인은 자신이 처한 상황에 적응하기 위해 성격을 발달시키고 형성해간다.

자신의 성격유형을 아는 것은 자신을 이해하는 데 매우 유용하다. 어떤 특정한 상황에서 자연스럽게 일어나는 사고와 감정, 행동 패턴을 이해하기 위해서는 성격유형에 대해 알 필요가 있다. 성격을 측정하는 가장 일반적인 방법은 심리검사를 이용하는 것이다. 흔히 알고 있는 MBTI 성격유형검사, 에니어그램, 디스크(DISC) 검사 등이 심리검사의 일종이다. MBTI는 심리학자 융의 심리유형을 근거로 캐서린 브릭스와 이자벨 마이어스가 개발한 성격유형지표(MBTI, Myers-Briggs Type Indicator)로 사람의 성격을 16가지 타입으로 구분한다. 1장에서 잠깐 언급한 에니어그램은 러시아의 구르지에프가 처음으로 소개한 것으로 사람의 성격유형을 9가지로 구분했으며, 디스크는 특정 환경 속에서 어떤 동기요인에 의해서 어떤 행동방식을 선택하는가를 알아보는 성격유형 검사도구다.

나는 MBTI 성격유형으로는 ISTJ형, 에니어그램으로는 1번, 디스크로는 신중, 안정형인 CS형으로 나타난다. ISTJ형에 대해 간략히 설명하자면 에너지 방향은 내향이며 정보의 입수는 감각을 사용하고, 의사결정은 감정보다는 사고를 사용하고 생활양식은 판단을 활용한다는 것이다. 쉽게 얘기하면, 혼자서 조용히 지내는 것이 좋고, 일처리는 합리적으로 하며 무슨 일이든지 미리 계획을 세워서 하는 것이 편안하다는 것이다. 에니어그램에서 1번 타입으로 이성적이고 매사에 완벽을 추구하려는 유형이다. 내가 스스로 만든 이상을 실현하기 위한 노력도 마다하지 않는다. 디스크에서는 안정형으로 위험을 가능한 회피하려는 타입이다. 세 가지 심리검사 도구에서 제시한 성격유형과 설명하는 방식이 제각각 다르지만, 근저에 흐르고 있는 성격유형을 살펴보면 대동소이함을 알 수 있다.

그럼 이번에는 조직 구성원으로서 인간관계와 일 중에서 무엇을 중요시 하느냐에 따른 분류를 생각해보자. 관계중심형과 일중심형 중 어느 부류에 속하는지 살펴보자는 것이다. 앞서 언급한 성격심리 검사에서도 알 수 있듯이 나는 내향적이며, 신중하고, 정해진 일처리 방식에 따라 하는 것이 편안한 타입이라 사람들과 관계를 형성하기 보다는 내게 주어진 일만 묵묵히 처리하는 타입이었다.

행원 시절의 얘기다. 지점에서 근무하던 중, 인사발령이 나서 서울로 가게 되었다. 그때 옆 책임자가 나를 불렀다. 담당 책임자도 아닌데, 무슨 일인가 하고 의아한 마음으로 자리에 앉으니, 그 책임자는 내게 이런 말을 해주었다. "당신은 정말 성실하고 근면하여 주어진 일은 잘하는데, 다른 사람과 어울리는 것이 부족한 것 같다. 자신이 만들어놓은 보이지 않는 선이 있어서 그 선 안에 들어오는 사람과는 친하게 지내지만 그렇지 않은 사람과는 잘 지내지 못한 것으로 보인다. 그런데 이제 서울로 발령 받아 가니 그곳에 가면 새 마음으로 사람들과의 관계에 신경을 쓰는 것이 좋겠다."

그러나 그때는 이 말이 귀에 잘 들리지 않았다. 담당 책임자도 아닌데 별 얘기를 다한다는 거부감이 앞섰다. 그런데 세월이 많이 지난 지금, 그러니까 직장이라는 조직생활을 할 만큼 했다고 생각되는 요즘 그 선배의 말이 새록새록 생각난다.

사람이 살아가는 데 제때 필요한 이치를 깨닫는다면 삶의 오류를 많이 줄일 수 있을 것이다. 조직에서 참된 보람과 성공을 위해서는 물론 주어진 일을 완벽하게 수행하는 것도 요구되지만, 조직 구성원과의 관계가 더욱 중요하다는 것을 빨리 깨닫고 적용할 수 있었다면 지금보다 훨씬 나은 조직생활을 할 수 있었을 것이다. 가정에서도 삶도 마찬가지다. 아들로서, 남편으로서, 아버지로서 주어진 나의 역할에 적합한 이치를 일찍 깨달았다면 얼마나 좋았을까 하는 아쉬움이 남는다. 부모, 인생의 선배, 또는 스승이 진정성을 가지고 충고하는 소리에 귀 기울여서 손해 볼 일은 없다. 지금 당장 귀에 거슬리는 쓴소리가 인생의 보배로운 교훈이 된다. 살면서, '뒤늦게 철든다'라는 말은 이를 두고 하는 말인 것 같다. 일도 중요하지만 관계를 떠나서는 그 일마저도 제대로 수행할 수 없다는 것을 좀 더 빨리 깨달았다면 비록 완벽하지는 않지만 행복에 보다 더 가까운 삶을 살 수 있지 않았을까 하는 생각이 든다.

정답이 없어 더욱 중요한 몇 가지 질문

수없이 물어왔지만 아직까지 명쾌한 답은 없는 것이 아마 '나는 누구인가?'라는 질문과 '왜 살지?'라는 질문이 아닐까 싶다. 여기에서 답이 없다는 것은 1+1=2와 같이 딱 맞아떨어지는 정답이 없다는 것으로 이해하면 될 것 같다. 인생에 대한 가치관과 태도에 따라 두 가지 물음에 대한 답을 할 수는 있다. 크리스천이라면 정체성을 묻는 '나는 누구인가'라는 질문에 '나는 하나님의 자녀'라고 대답할 수도 있고, 파스칼의 철학을 좋아한다면 '인간은 생각하는 갈대'라고 말할 수도 있을 것이다. 또는 이렇게 심각하게 생각하는 대신 가볍게 '나는 어디에 사는 아무개입니다'라고 자신을 소개하듯이 말할 수도 있다. 이 질문에 답하는 사람의 수만큼 대답이 나올 수 있으며, 각자 자신이 옳다고 믿는 어떤 가치관을 바탕으로 하기 때문에 시시비비를 가리는 것은 타당치도 않으며 또 그렇게 할 이유도 없다고 생각한다.

인간의 정체성에 대한 질문과 같이 삶의 이유를 묻는 질문에도 명확한 답은 없을 것이다.《왜 사느냐고 묻거든 그냥 웃지요》라는 책이 있다. 이 책의 주제는 그런 골치 아픈 질문일랑 집어치우고 웃으면서 사는 것이 더 좋다는 것으로 짐작된다. 흔히 듣는 유머로 '삶은 달걀'이라고 말하며 멋쩍게 웃기도 한다. 태고 이래로 끊임없이 계속되어 온 물음이었지만 모든 사람의 마음을 시원하게 해줄 만한 답은 없는 것 같다. 어쩌면 앞으로도 없을지도 모른다. 왜냐면 각자 얼굴이 다르듯이 각자 생각이 달라 삶을 해석하고 받아들이는 것이 같지 않기 때문이다. 모두가 동의하는 하나의 정답을 찾을 수는 없지만 각자 자신의 삶을 인도해줄 나침반으로서 좋은 답, 즉 명답을 때때로 발견할 수는 있을지도 모른다. 일상 속에서 가끔 올라오는 물음을 억누르지 말고 내면의 소리에 귀 기울이면 발견할 수 있지 않을까 싶다. 그래서 기회 있을 때마다, '왜 살지? 오늘 내가 왜 이 일을 하고 있지?'라고 물어보는 것이 중요하다고 본다.

그것이 무엇이든 삶의 이유를 발견한 사람은 뭐가 달라도 다를 것이다. 그 이유가 다른 사람에게도 공감을 주는 것이냐 하는 것은 두 번째 문제다. 자신이 살아가는 데 지침이 되는 이유면 족한 것이다. 이런 사람의 삶은 활력이 넘치고, 행동이 씩씩하다. 무슨 일을 하든 자발성이 넘치고, 내면에서 우러나오는 힘이 느껴진다. 인생의 과정에서 누구나 겪게 되는 어려움을 만나더라도 이를 이겨내는 힘도 남다를 것이다.

은행에 입행한 직원들은 입행 후 자리 배치에 앞서 신입직원 연수과정을 받는다. 이 연수에서는 앞으로 근무하게 될 은행의 대략적인 업무소개와 함께 사회에 첫발을 내딛는 직장인의 마음 자세에 대한 교육으로 진행된다. 직장인으로서 건전한 품성계발을 위한 교육은 사회의 저명한 인사를 초빙하여, 그 분의 삶에서 우러나오는 인생에 대한 철학과 혜안에 대해 배운다. 연수가 진행되는 과정을 모니터링하기 위해서 설치한 화면을 통해 강의 내용을 듣곤 하는데, 지금도 생각나는 것이 있다.

S대 명예교수로, 나이가 지긋하신 이 분은 요즘 다른 강사와 달리 파워포인트나 강의 자료도 만들지 않고 주어진 시간 동안 자신의 삶에서 우러나오는 인생철학에 대해 얘기하듯이 강의하는 분이다. 이제 막 입행하여 조금은 설레고 들뜬 이들에게, '여러분은 왜 이 직장에 들어왔나요?'라고 묻는다. 왜 직장생활을 하려고 하는지, 왜 살려고 하는지를 묻는다. 그러면서 돈 벌려고, 단지 돈만 벌려고 이곳에 들어왔느냐고 되묻는다. 돈은 여러분과 같이 근사하게 양복 빼입지 않은 지게꾼도 심지어 몸을 파는 창녀도 번다. 이들과 다른 삶을 살고 싶다면 왜 내가 돈을 벌고, 왜 살아야 하는지 생각해봐야 한다는 것이다. 인간 본연의 존재에 대해 생각해보라는 주문인 것이다.

사람은 행복해지려고 살아가는 것이 아닐까? 물론 이 또한 모든 사람들이 동의하는 명제는 아닐지도 모른다. 대체적으로 그럴 것이라는 짐작에서 말하는 것이다. 학생들이 열심히 공부하고, 좋은 대학에 가고 원하는 직장에 취업하고 돈을 벌고, 또 자신이 하고 싶은 일을 하는 대부분의 것들이 자신의 행복을 위해 한다는 것이다. 이런 점에서 자신이 행복해하는 삶을 사는 것, 이것이 사는 이유에 대한 나름의 대답이 되지 않을까 싶다. 행복 추구가 목표라면 다음으로는 어떻게 하면 이 행복에 가까이 갈 수 있을까 하는 방법을 생각해봐야 한다. 행복의 필수조건이라 여겨지는 인간관계, 그리고 관계 개선의 탁월한 기법인 코칭. 이렇게 이어지는 생각의 고리는 필자만의 무리한 비약일까?

관계가 좋을 때, 나쁠 때

우리나라는 죄를 법률에 근거해 처벌하는 죄형법정주의를 채택하고 있다. 그런데 이상하게도 죄형법정주의에 따르지 않는 죄목이 하나 있다. 분명 존재하고 사람들 입에 오르내리는데 법률조문에는 없다. 괘씸죄가 바로 여기에 해당한다. 이 괘씸죄는 사회의 흐름을 보여주는 일간신문의 기사제목으로도 버젓이 등장하곤 한다. 정부 관료 중 아무개가 국회 출석요구에 불응하거나, 모 기관의 장이 인사권자의 심기를 불편하게 하는 발언을 하여 괘씸죄에 걸렸다는 기사가 등장한다. 딱히 어떤 조문에 근거하여 벌을 줄 수는 없지만, 윗사람이나 영향력을 가진 권력층의 눈 밖에 나는 경우가 여기에 해당할 것이다.

한 번 괘씸죄에 걸리면 여간해서는 이 죄에서 풀려나오기가 쉽지 않다. 관계를 중시하고 밖으로 드러나지 않는 사람의 됨됨이를 중요하게 여기는 동양사회에서는 이 같은 경향이 더 강하다. 관계가 좋고 나쁨에 따라 괘씸죄가 생기기도 하고 없어지기도 할 것이다.

중국의 춘추시대 고사에 나오는 위나라 영공과 미자하의 관계에서도 우리는 관계가 좋을 때와 나쁠 때의 상황이 어떻게 다른지 배울 수 있다. 위나라 왕이었던 영공은 당시 미자하라는 소년을 몹시 총애하며 항상 같이 다녔다고 한다. 미자하는 요즘말로 하면 미소년으로 용모가 출중하고 지혜가 영특한 젊은이였다. 늘 두 사람은 붙어 다닐 정도로 서로의 관계가 돈독했다. 그러던 어느 날 미자하는 자신의 어머니가 위독하다는 급한 소식에 사전에 영공의 허락을 받지 않고 왕의 수레인 영공의 수레를 타고 집에 다녀오게 된다. 그때에는 허락 없이 함부로 왕의 수레를 타면 나라를 거스르는 반역죄에 해당될 정도로 엄하게 다스렸다. 그런데 이런 위중한 죄를 범했음에도 사이가 좋았던지라 영공은 미자하에게 벌을 내리기는커녕 오히려 미자하의 효심을 칭찬했다. 또 한번은 두 사람이 복숭아밭을 거니는 중에 미자하가 복숭아를 한 입 베어 먹고서 그대로 영공에게 주었다. 영공은 먹다만 복숭아를 받고서 무례한 행동이라고 나무라기보다는 맛있는 것을 혼자 먹지 않고 나누어준다고 좋게 해석했다.

그런데 세월이 흐른 뒤 두 사람의 관계가 나빠지자, 예전에 좋게 보였던 행동이 나쁘게 보였다. 효심이 뛰어나 자신의 수레를 타고 간 사실이 반역죄에 해당한다고 보였고, 한 입 베어낸 복숭아를 준 것을 아주 무례한 행동이었다고 벌을 내리게 된다. 미자하가 행동한 것은 같았지만, 그 행동을 받아들이는 영공의 마음은 백팔십도 달라진 것이었다. 무엇이 이렇게 영공의 마음을 바꿔놨을까? 다른 것이 아니라 단지 좋았던 관계가 나빠졌기 때문이었다.

관계가 좋고 나쁨에 따라 주변사람들과의 사이에서 영향을 받는 것은 단지 이 고사에만 국한된 것은 아니다. 우리의 일상 속에 너무나 편만하게 펼쳐져 있다. 가정의 부모 자녀 사이에, 형제 사이에, 친척 간에, 시집식구들 또는 처가식구들과의 사이에 관계가 좋으면 그 사람이 행하는 행동 하나하나가 좋게 보인다. 직장에서도 그렇다. 어떤 직원에 대한 첫인상이 좋으면 두고두고 그 직원이 한동안 좋게 보인다.

심리학에 보면 초두효과와 맥락효과가 있다. 이 효과를 가지고 첫인상이 좋으면 계속해서 좋게 보이는 것을 설명할 수도 있을 것이다. 첫인상이 주는 것을 초두효과라 하고 이후에 비치는 행동을 처음의 것과 동일하게 해석하는 것을 맥락효과라 하는데, 초두효과에 영향을 받으면 후에 맥락효과가 지속된다는 것이다. 그러므로 첫인상이 매우 중요하다. 처음 인상이 한 번 주어지면 그것에 연이은 맥락효과가 작용하여 여간해서는 그것을 바꾸기가 힘들기 때문이다.

은행에서는 가끔 업무보조를 위해 사무보조원을 채용할 때가 있다. 한번은 지역본부에 근무할 때 세미나 준비 등으로 업무가 폭증하여 6개월 정도 자체적으로 사무보조원을 채용했다. 대학에 다니다가 잠시 휴학한 학생이 채용되었는데, 첫날부터 인사도 잘하고 주어진 일도 적극적으로 하는 등 매우 성실해 보였다. 첫인상이 아주 마음에 들었던 것이다. 그래서 그런지 그 뒤에도 그 학생이 하는 일은 모두 믿음이 갔다. 세미나 개최를 위해 초청장을 발송하고, 장소를 준비하고, 기념품을 구입하는 등 세세한 업무를 빈틈없이 잘 보조해 주었다. 뿐만 아니라 세미나 후에 발표자와 토론자의 발표 및 토론 내용을 정리하여 세미나결과보고서를 만드는 일에도 아주 협조적으로 일해 주었다. 처음 가졌던 좋은 인상이 일했던 6개월 동안 계속 진행되었다. 초두효과에 이은 맥락효과가 끝까지 이어진 것이었다.

한 번 형성된 인상을 바꾸는 것은 첫인상을 심어주는 것보다 훨씬 어렵고 힘이 든다. 첫인상은 그 사람에 대해 아직 모르기 때문에 처음 행동이 그대로 첫인상이 된다. 그런데 첫인상을 바꾸려고 평상시 안 하던 행동을 하면 우리는 대뜸, '이 사람이 뭐 잘못 먹었나, 사람이 변하면 죽을 때가 되었다고 하던데' 하면서 색안경을 끼고 바라본다. 그래서 좋은 뜻을 가지고 했던 행동들도 상대로부터 이런 반응을 받으면 바꿔보려는 의지가 사라지고 만다. 그런데 어떻게 하겠는가? 사람들의 심리가 대체로 이렇다는 것을 인정하고, 이 벽을 넘어서는 것이 행동을 바꾸는 시금석이 된다는 것을 명심해야 한다. 지금까지 주었던 부정적인 시그널이 긍정적인 시그널로 바뀌는 데 필연적으로 따르는 아픔이라고 여겨야 한다. 바꾸고자 하는 행동을 계속하여 반복적으로 하게 되면 상대방은 그제야 진정성을 인정하게 된다. 그러므로 절대로 한두 번 시도해보고 그만둘 일이 아니다. '당신 뭐 잘못 먹었어?'라고 비웃을지라도 용기를 잃지 말고 꾸준히 실천해가야 한다. 좋은 관계를 만들기 위해서는 이런 용기가 필요하다.

최소한 3개월을 해야만 자신도 변하고 상대도 그것에 동조한다고 한다. 그리고 흐트러진 관계를 회복하는 데에는 평균 그 기간의 두 배가 필요하다고 한다. 어떤 사람과의 관계가 1년 동안 어긋나 있었다면 다시 그 사람과의 관계회복을 위해서는 2년이라는 시간이 필요한 것이다. 손 놓고 가만히 기다리는 2년이 아니라 좋은 행동을 지속하는 등 노력하는 시간의 2년이 필요한 것이다.

조직에서의 성공 요인

조직에서의 성공 요인은 무엇일까? 능력, 정말 필요하다. 태도, 물론 적극적이고 긍정적인 태도도 필요하다. 성격도 중요하다. 호감이 가고 외향적인 성격 중요하다. 그런데 능력과 태도, 성격 이것만으로는 직장에서의 성공을 보장받지 못한다. 태도와 성격을 바탕으로 한 인간관계에서 좋은 점수를 받아야만 가능할 것이다. 우리는 주변에서 능력은 출중한데, 관계가 좋지 않아 승진가도에서 밀려나는 사람을 종종 본다. 능력 있는 사람이 좋은 관계도 맺어간다면 성공은 보장받은 것이라고 생각한다. 직장은 어디까지나 사람들 간의 관계로 얽혀 있는 조직이기 때문이다.

조직의 속성은 다수의 사람이 모여서 공동의 목표를 향해 나가는 하나의 유기체다. 혼자 생각하고 혼자서 모든 것을 하는 것이라면 어떻게 행동해도 문제될 것이 없다. 단지 주어진 목표 달성에만 관심을 가지면 될 것이다. 그런데 한 사람이 아닌 다수가 모이면 사람들 사이에 상호작용이 필수적으로 따라오게 된다. 이 상호작용이 긍정적으로 작동될 수도 있고 때론 부정적으로 작동될 수도 있는데, 좋은 관계 속에서는 긍정적으로 작동된다. '백지장도 맞들면 낫다'는 속담도 있듯이 직장 구성원이 서로의 재능을 함께 모아 시너지 효과를 낼 수 있다면 기대 이상의 목표를 달성할 수 있을 것이다.

간혹 매스컴에 보도되는 직장인을 대상으로 한 설문조사 결과에서도 능력보다는 인간관계를 중시하는 것으로 나타나곤 한다. 우리나라 굴지의 대기업에 입사한 신입사원을 대상으로 조사한 결과가 눈에 띄었다. 이 설문은 '신입사원들이 선배들에게 어떤 모습으로 비춰지기를 바라나'는 설문조사를 벌인 결과 가장 많은 의견은 '인간성이 좋은 사람'(51%)이었다. 신입사원들이 함께하고 싶은 선배도 '업무능력이 뛰어난 선배'(18%)를 제치고 '인간적으로 의지할 수 있는 선배'(71%)가 이상적인 직장상사로서 압도적인 지지를 받았다. 또 '앞으로 직장생활을 하면서 무엇이 가장 어려울 것으로 생각하느냐'는 질문에는 '직장 선후배와의 관계'(42.1%), '재테크'(18.8%), '업무처리'(15.5%) 순으로 나타났다.

조직의 선배가 이제 갓 입사한 후배들에게 들려주는 이야기에서도 관계에 대한 언급은 항상 주요 항목에 들어간다. 서류전형, 필기시험, 면접 등 여러 가지 어려운 입사과정의 관문을 뚫고 들어온 신입직원의 경우 능력은 어느 정도 검증되었다고 해도 틀린 말은 아니다. 너 나 할 것 없이 기본적인 업무능력은 갖추고 있는 셈이다. 마치 마라톤 경주를 하는 선수가 풀코스를 뛸 만반의 체력을 갖추고 스타트 라인에 서 있는 것과 같다. 경주의 중반을 지나면서 서서히 선두와 후미 그룹이 나누어지듯이 직장인들도 직장생활이 어느 정도 진행되면 같은 동기생 간에도 격차가 조금씩 벌어지기 시작한다. 그 격차의 주요 요인은 조직생활에 임하는 태도와 이를 기반으로 한 상하 및 수평적인 관계에서 비롯된다.

다음으로 조직생활이 주는 가장 큰 스트레스는 무엇일까? 스트레스를 조사하는 방법이나 그 대상에 따라 약간의 차이는 있지만, 대체적으로 주된 스트레스 요인으로 조직 내 상하 관계를 들고 있다. 성공 요인으로 관계를 주목하고 있는데 스트레스 요인으로도 관계를 지적하고 있는 것이다. 이것은 관계가 동전의 양면처럼 좋을 때는 성공의 요인으로 작용하고, 관계가 좋지 않을 때에는 가장 견디기 힘든 스트레스로 작용한다는 것을 보여주는 것이다.

사실 직장인들이 고충을 토로하는 것을 들어보면 업무에 따른 것은 그렇게 많지 않다. 비록 업무량이 생각보다 많거나, 난이도가 있어 하기 힘든 업무라 할지라도 좋은 관계가 뒷받침되면 이겨나갈 충분한 힘이 생긴다. 그런데 업무량이나 난이도 측면에서 적당하다 할지라도 관계가 나쁘면 여간 힘든 것이 아니다. 조직생활에서의 문제만이 아니라 심해지면 자신의 건강까지도 해칠 수 있는 것이 이 스트레스다. 그러므로 스트레스의 주요 인자인 관계를 바르게 이해하고 대처하는 것이 필요하다.

조직생활에서 일어나는 스트레스에 슬기롭게 대처하는 방법을 소개하는 자료는 참 많다. 스트레스에 대처하는 첫 단추는 조직은 스트레스가 필연적으로 일어날 수밖에 없는 곳이라는 것을 인정하는 것이다. 남녀의 성이 다르고, 출신지역, 출신학교, 가치관과 성품이 다른 다양한 사람들이 한 울타리에 모여 있는 곳이 조직이다. 그러므로 이런 다양한 사람들 사이에서 갈등은 필연적으로 일어날 수밖에 없는 것이다. 갈등을 피할 것이 아니라 이 갈등에 어떻게 대처할 것인가를 고민하는 것이 더 필요하다. 필연적으로 일어날 수밖에 없는 스트레스를 최소화할 수 있는 노력을 게을리 하지 말아야 한다. 평소에 상사와 부하직원 간의 관계에서, 그리고 동료직원과의 관계를 원활하게 유지해가는 것이 절대적으로 필요한 대목이다.

한번은 은행 선배로부터 이런 이야기를 들었다. 은행에 근무할 때는 모두다 현직에 있으므로 그 위계질서 속에서 좋은 관계를 맺고 있지만, 진짜 좋은 관계는 정년 이후에 드러난다고 한다. 어떤 사람은 정년 후 길거리에서 우연히 만나면 달려가서 인사하고 싶은 사람이 있는가 하면, 어떤 사람은 인사하지 않고 모른 체하고 싶은 사람이 있다는 것이다. 사람의 속마음은 겉으로 드러난 조직의 위치가 아니라 그 사람의 됨됨이에서 나누어진다는 것이었다. 공적인 자리에 앉아 있으면 일단 하급자에게 지휘, 명령할 수 있는 합법적인 권한이 주어진다. 이것이 지위권력인데, 관계 속에서 성공한 리더십을 발휘하려면 지위권력에서 한 걸음 더 나아가 존경심, 호감 등 개인적인 특성에 기반을 둔 개인권력을 가져야 한다는 것이다. 그러면서 나는 과연 어떤 유형의 사람으로 살아갈 것인지 생각해보아야 한다고 했다. 정말 의미 있는 자기 성찰의 이야기였다. 이런 대화를 나눈 선배는 코칭에 대해 공부한 적은 없었지만, 내게 사람의 성장을 돕는 코칭적 대화를 함으로써 내가 바람직한 관계를 이루어가는 것을 돕고 있었다. 내게 이 말을 해준 선배는 지금 정년퇴직하여 은행을 떠났다. 어디서든 만나면 건강과 안부를 묻고 싶은 선배다.

가상의 시간 여행

타임라인은 말 그대로 시간 선이다. 보이지 않는 시간을 선(Line)으로 형상화하여 그 위에 서보는 것이다. 생각만 하는 것과 직접 선을 그어놓고 자신이 그 위에 서보는 것은 느낌이 정말 다르다. 필자도 전에는 그저 머릿속에 선을 떠올리기만 해도 충분하지, 굳이 번잡스럽게 직접 몸을 움직여 선 위에 설 필요가 있을까 하는 의문을 가졌었다. 그런데 타임라인 프로그램에 실제 참여하기 위해 코칭을 공부하는 수업동기생들과 함께 선 위에 서보니 그 효과는 생각 이상으로 강력했다.

독자 여러분도 가능하다면 생각만으로 그치지 말고 바닥에 선을 긋고서 그 위에 서보기를 권한다. 선 위의 시간은 자신이 정하면 된다. 일정 구간을 정하여 3년 전, 현재, 3년 후, 5년 후 등으로 정한 다음 그 선을 따라 걸으면서 시간의 흐름을 느껴보는 것이다. 구간은 더 짧게 하거나 혹은 길게 원하는 길이만큼 조정하면 된다.

신입직원을 대상으로 한 연수 마무리 시간에 타임라인을 사용해 보았다. 연수생 인원이 다소 많았지만 미리 라인을 설정한 뒤 대여섯 명씩 그 라인을 따라 시간 여행을 떠나게 해주었다. 출발점은 현재였다. 대학을 갓 졸업하고 입행한 젊은이들인 만큼 열정과 패기가 드높았다. 무엇을 맡겨도 해낼 수 있을 것 같고, 어디든 달려갈 수 있어 보였다. 이런 마음으로 입행이라는 출발선상에 선 이들이었다.

천천히 앞으로 걸어가 '1년 후'라는 자리에 서게 했다. "자 이제 여러분이 입행한 후 1년이 지났습니다. 여러분의 1년간 삶을 가만히 되돌아보세요." 각자 마음속에 떠오르는 자신의 모습들이 있을 것이다. 패기 왕성하게 시작한 신입직원으로서 1년의 생활. 어떻게 생활하는 것이 좋은지 자신이 자신에게 건네주는 생각이 있을 것이다. 잠시 생각해본 다음, 다시 천천히 걸어 '5년 후'라는 자리까지 걷게 한다. 마찬가지로 이곳에 서서 5년의 삶을 더듬어본다. 물론 아직 살아보지 않은 미래의 5년이다. 어떻게 전개될지 무슨 일이 일어날지 아무도 모른다. 하지만 미리 미래의 자신의 삶을 떠올려보는 것과 그렇지 않은 것은 분명 차이가 있다. 5년 후의 자신의 모습을 상상해보는 것이다. 원하고 바라는 모습을 충분히 느껴보고 그 느낌을 자신의 마음속에 잘 간직해두는 것이다.

신입직원에게는 5년 후의 미래까지만 걸어가는 것으로 마쳤지만, 필요하다면 언제일지 모르지만 자신의 생이 마감되는 때까지를 상정하여 걸어가보는 것도 매우 의미가 있다. 그러면서 미래의 일정 시점에서 이루고자 하는 자신의 모습을 떠올림과 동시에 그것을 달성하기 위해서 어떤 자세와 마음으로 이 라인을 걸어가야 하는지를 생각하게 하는 것이 중요하다. 그러면 분명하게 떠오르는 한 가지 생각이 있다. '아, 그렇구나. 앞으로 나는 내 인생을 이렇게 살아야하겠구나' 하는 생각이다. 이렇게 살아야겠다는 부분은 사람마다 각자 다르다. 사람마다 가치관이 다르고 원하는 바가 다 다르기 때문이다. 그렇지만 보다 큰 틀에서는 사람이라면 누구나 가지고 있는 보편적이고 바람직한 가치들은 대체로 일치하는 것을 발견할 수 있다. 행복을 위한 성장과 변화도 약방의 감초처럼 거의 빠지지 않고 들어가는 단골 메뉴였다.

타임라인을 걸어봄으로써 자신의 미래에 대한 바람들을 충분히 느껴본 다음 자리에 앉자 방금 느꼈던 감동과 생각이 사라지기 전에 그것들을 가능한 글로 표현하여 적게 하였다. 일종의 미래의 자신이 현재의 자신에게 편지를 보내는 것이다. 5년 후의 자신이 오늘 나에게 격려와 충고의 말을 전해주는 것이다. 이 편지를 잘 간직해두었다가 힘들고 어려울 때마다 꺼내 본다면 다시 에너지가 충전되지 않을까? 5년 후 달성하고자 하는 자신의 말인데, 다른 누구의 격려보다도 힘이 있을 것이다. '용기를 가지고 앞을 향해 뚜벅뚜벅 걸어라', '지금 가진 이 첫 마음을 절대 잊지 말자', '열정과 사랑으로 임하면 이루지 못할 꿈이 없다' 저마다 자신에게 힘과 용기를 주는 격려의 글을 썼다. 미래 소망에 대한 느낌을 가져본 것만으로도 그렇지 않는 것에 비해 훨씬 좋지만, 이것을 글로 표현하면 그 효과는 배가되며 또 오래 지속될 것이다. 글로 표현되면 우리의 신경체계와 생각이 더 많은 영향력을 받게 되기 때문이다.

적자생존(適者生存)이라는 말이 있다. 이 말의 원래 뜻은 생물은 외부 상황에 맞는 것은 살아남고 그렇지 못한 것은 차차 사라진다는 것이다. 그런데 이 적자생존을 '글로 적는 자가 살아남는다'라고 재미있게 변형하여 기록의 중요성을 강조하기도 한다. 목표를 달성하고 성공한 사람들이 이구동성으로 주장하는 것은 일차적으로 목표나 꿈을 가지라는 것과 이 것을 구체적인 글로 표현하여 종이에 써서 항상 가까이에 두고 보라는 것이다.

수요일의 염려상자

일전에 교회 목사에게서 '수요일의 염려상자'라는 예화를 들었다. 이 날 설교 주제는 평안이었는데, 평안을 해치는 주범이 근심걱정 등 염려이고 어떻게 하면 이런 염려에서 벗어날 수 있는가에 대한 이야기였다. 여러 가지 이야기 중 예화가 가장 인상적이었다.

어떤 사람이 매일 염려에 짓눌려서 살았다. 월요일도 염려, 화요일도 염려, 그리고 수요일과 목요일도 염려로부터 벗어나는 날이 없었다. 나중에는 실제적인 염려거리 때문에 염려하는 것이 아니라, 매일 이렇게 염려하는 자신의 모습 때문에 염려하기까지 했다. 한마디로 염려의 쳇바퀴에서 벗어나지 못하는 신세였다.

그러던 중 이 사람에게 기발한 생각이 하나 떠올랐다. 매일 이렇게 염려할 것이 아니라 주중에 한 날을 염려하는 날로 아예 지정을 하고, 일주일치 염려를 그날 하루에 몽땅 몰아서 하자는 것이었다. 스스로 좋은 아이디어라고 생각한 그는 즉시 실천에 들어갔다. 염려하는 날은 수요일로 정했다. '수요일의 염려상자'라고 이름붙인 조그만 상자를 만들어 옆에 두고 수요일이 아닌 다른 요일에 염려거리가 생기면 그 내용을 종이에 적어 염려상자에 넣고서 염려하지 않았다. 그렇게 하여 일주일 분량의 염려거리가 상자에 쌓였다.

드디어 수요일 아침, 이 사람은 아침부터 염려하기로 작정하고서 그 상자를 열어 종이에 기록한 염려거리를 보면서 염려할 태세를 갖추었다. 그런데 염려거리들 중 태반이 이미 염려할 것이 아니었다. 시간이 지나서 저절로 해결된 것도 있었고, 당시에는 염려할 대상이었던 것이 이제 다시 보니 염려할 것이 아닌 것도 있었다. 이 일로 중요한 사실을 깨달았다. 자신을 짓눌렀던 수많은 염려거리들 중 태반은 진짜 염려할 것이 못 된다는 것을.

우리는 하늘이 무너질까 걱정하는 것을 기우라고 한다. 이는 중국에서 살던 기우라는 사람이 늘 걱정을 하며 살다가 갔다는 데서 생긴 말이다. 이 사람은 어찌나 걱정이 많던지 심지어는 걸어다니면서도, '내가 딛는 이 땅이 꺼지면 어쩌나? 내가 누워 있는 이 집이 무너지면 어쩌나?' 하고 걱정만 하면서 살았다고 한다. 기우라는 말이 지금도 인구에 회자되고 있는 것을 보면 사람들이 사실상 전혀 쓸데없는 걱정을 하면서 산다고 해도 틀리지는 않는 것 같다. 수요일의 염려상자에서 우리가 깨달을 수 있듯이 실제로 자신이 지금 걱정하고 있는 일이 무엇인가 한번 생각을 해볼 일이다. 통계적으로 우리가 하는 걱정거리의 40퍼센트는 절대 일어나지 않을 사건들에 대한 것이고, 30퍼센트는 이미 일어난 사건들이며, 22퍼센트는 사소한 사건들이고, 4퍼센트는 우리가 바꿀 수 없는 사건들에 대한 것들이라고 한다. 즉 우리가 하는 걱정들 중 96퍼센트는 쓸데없는 것들이고 다만 4퍼센트만이 정말 걱정해서 풀어야 할 문제인 셈이다.

인간의 열등감과 그에 대한 보상에 관한 심리연구로 유명한 아들러는 일과 여가, 우정, 사랑 등 주요 인생과제를 설명하기 위해 '안녕의 바퀴'를 들어 설명했다. 이 바퀴의 가장 바깥에 있는 것은 지구촌 차원의 사건이고, 그 안쪽에는 교육, 경제, 가정 등 자신을 둘러싼 환경, 그리고 다시 한 번 들어간 원에는 일과 여가, 사랑, 우정 등이 있고 맨 안쪽에는 자기지향과 영성이 있다. 이 모든 것이 균형을 맞추어 잘 굴러갈 때 사람은 심신이 평안한 상태, 즉 안녕을 유지할 수 있다고 한다. 바퀴의 안쪽에 해당할수록 인간의 내면 심성에 관한 것이고 밖에 해당하는 것일수록 우리의 힘이 미치는 못하는 영역이다. 바퀴의 맨 끝쪽에 위치한 지구촌 차원의 사건은 우리의 의지와 상관없이 돌아간다. 지구촌 차원의 사건은 우리의 뜻과는 무관하지만, 어쨌든 우리의 안녕에 영향은 준다. 그것을 어떻게 받아들이고 해석하느냐에 따라 안녕이 침해받을 수도 있고, 여전히 안녕의 상태를 유지할 수도 있다는 것이다.

교통상황이나 날씨를 생각해보면 쉽게 이해된다. 이것은 일정 부분 우리가 어떻게 할 수 있는 것이 아니다. 우리 통제범위를 벗어난 것이다. 그런데 차를 몰고 가는 중 어쩔 수 없이 길이 막힐 때 그 상황에 예민하게 반응한다면 자신만 손해다. 자신의 안녕상태만 무너질 뿐 상황은 전혀 개선되지 않는다. 날씨도 마찬가지다. 비가 오거나 햇빛이 나는 날씨를 우리가 마음대로 정할 수 없다. 주어진 상황에 어떻게 대처하느냐가 우리가 할 일이다. 사람과의 관계에서도 우리의 손을 떠난 것이 있다. 직장상사에게 결재서류를 올린 것, 친구에게 부탁을 하고서 답을 기다리는 것, 가족에게 자신의 요구사항을 전달하는 것 등 어떤 사안이 상대방에게 이미 갔고 상대방의 반응을 기다리는 경우가 여기에 해당할 것이다.

전적으로 통제할 수 있는 영역이 있다. 아들러 안녕의 바퀴 중 맨 안쪽에 있는 곳으로 자신의 생각, 태도, 가치관 등이 바로 여기에 포함된다. 우리가 진짜 신경 쓰고 걱정해야 할 곳이 바로 이곳이다. 자신의 생각이 어떻게 흘러가고 있는지, 지금 자신의 감정은 어떤지를 살펴보아야 한다. 그래서 긍정적이지 못한 것이 보인다면 그 원인을 찾아 해결하려는 노력을 기울여야 한다. 아무리 걱정해도 좋아질 리 없는 쓸데없는 것에 우리의 소중한 에너지를 낭비할 것이 아니라, 진짜 개선될 가능성이 있고 효과가 있는 것에 힘을 써야 한다.

그런데 사람들은 흔히 우리 힘으로 통제 불가능한 것에는 쉽게 반응하지만, 정작 통제 가능한 영역에는 관심을 두려 하지 않는다. 여기에서 우리는 변화의 시발점을 찾아야 한다고 생각한다. 정말 지혜로운 사람은 자신이 할 수 있는 것과 할 수 없는 것을 구분할 줄 알고, 자신이 할 수 있는 것은 고치려고 노력하며 자신이 할 수 없는 것은 수용하는 자세를 가지는 사람이다. 지금 이 일이 내가 걱정을 하면 좋아질 수 있는 일인가? 지금 당장 일어나고 있는 일인가? 혹시 이미 일어나버린 일을 걱정하고 있지는 않는가? 그리고 내가 할 수 있는 영역인가 아니면 내 힘으로 고칠 수 없는 것인가? 어떤 상황 앞에서 아무 생각 없이 대처하는 것이 아니라 단지 이런 질문을 스스로에게 던져보는 것만으로도 큰 효과를 볼 수 있을 것이다. 질문은 생각하게 하는 힘이 있기 때문이다.

무의식의 세계에서 발견하는
진정한 나의 모습

열 길 물 속은 알아도 한 길 사람 속은 모른다는 말이 있다. 전부터 사람을 이해하기 위한 여러 가지 방법들이 시도되었지만 아직까지 어느 것도 속 시원한 해답을 내놓지 못하고 있다. 외형적으로 나타나는 행동과 말에 대한 이해도 어려운데 겉으로 드러나지 않는 내면의 심리까지 통합적으로 아는 것은 정말 지난한 과정일 것이다. 그러나 이런 어려움에도 불구하고 대체적으로 사람들은 자신을 아는 만큼 주어진 인생을 잘 살 수 있다는 것에 동의한다. 그리고 심리학자, 철학자, 생리과학자들의 다양한 연구와 노력으로 인해 인간에 대한 전체적인 그림이 상당 수준 완성되어간다고 할 수 있을 것이다.

인간의 심리를 이해하는 첫 걸음은 프로이드가 처음 제시한 인간의 무의식에서부터 출발된다. 프로이드 이전에는 이 무의식에 대해 알지 못했다. 겉으로 드러난 의식의 세계가 인간 심리의 전부인 줄 알았다. 그런데 빙산과 같이 겉으로 표현된 의식은 전체적인 자기의 대략 10퍼센트고 나머지 90퍼센트는 무의식의 세계에 갇혀 있다. 자신을 제대로 알려면, 즉 자기를 총체적으로 알려면 무의식을 알지 않고서는 안 된다는 얘기가 성립된다. 이 무의식은 의식 밑에 잠겨 있다고 해서 잠재의식 또는 '닫힌 의식'이라는 말로도 표현된다. 자기 자신의 이해를 돕는 심리학 관련 책을 보면 단골로 나오는 것이 '닫힌 의식의 의식화'라는 개념이다. 이는 무의식(잠재의식 또는 닫힌 의식)에 있는 것을 꺼내서 자신의 의식의 세계로 가져오는 것을 말한다. 이런 작업을 하지 않은 사람은 평소 자신의 10퍼센트만의 의식으로 살아간다. 이에 반해 무의식의 의식화를 끊임없이 추구하는 사람은 의식화가 된 만큼 자신을 더 많이 활용하면서 살아간다. 어떤 사람이 더 나은 삶을 살 수 있을까? 산술적으로 계산해보아도 무의식의 의식화를 이루는 사람이다.

괜히 좋은 사람이 있고, 주는 것 없이 괜히 미운 사람이 있다. 어떤 사람이 '괜히' 좋다는 것을 주의 깊게 관찰해보면 무의식의 한 단면을 볼 수도 있다. 괜히 좋다는 것은 무엇인가? 그 사람이 가지고 있는 특성이 내 안에 있는 무의식의 어떤 것과 연결되어 있다는 것이다. 예를 들면 키가 큰 사람을 좋아하는 사람은 그 사람의 무의식 속에 키가 큰 사람은 좋은 사람이라는 나름의 공식이 있는 것이다. 곱슬머리보다는 긴 생머리의 여자가 예쁘다는 사람은 마찬가지로 긴 머리 여자는 예쁜 여자라는 공식을 갖고 있는 것이다.

그 사람의 어릴 적 가정환경이나 자라온 배경을 살펴보면 이런 무의식의 단초들을 발견할 수 있다. 무의식을 의식화하는 것이 그렇지 않는 사람에 비해 더 나은 삶을 살아갈 수 있다는 것을 예를 들어 설명하면 이렇다. 앞에 언급한 키 큰 남자는 좋은 남자라는 무의식을 가지고 있는 여자가 있다고 하자. 이 여자가 결혼 적령기에 이르러 남자들을 소개받아 배우자를 결정하려고 할 때, 이 무의식이 계속해서 작동되면 자신도 모르게 일단 키가 크면 좋은 점수를 주게 될 것이다. 물론 키가 큰 사람이 성격도 좋고 재능도 있어 최상의 배우자감이 된다면 하등의 문제가 되지 않는다. 그런데 키는 크지만 성격이 별로인 사람이 있을 수 있고, 또 키는 작지만 다른 부분은 모두 좋은 사람이 있을 수 있다. 이런 상황에서 당사자인 여자가 자신의 무의식을 의식하지 못하고 있다면 괜히 호감이 가는 키 큰 남자를 선택할 가능성이 높다. 만일 자신의 무의식에 이런 숨겨진 감정이 있다는 것을 알고 있다면, 다시 말해서 무의식이 의식화되어 있다면 키 큰 사람이 괜히 좋은 감정으로 다른 부분을 보지 못해서 혹 잘못된 선택을 하지는 않는지 생각함으로 인해 바른 판단을 할 수 있다는 것이다.

나는 노래에 대한 열등감이 있다. 일종의 콤플렉스다. 노래에 대한 열등감이 어디서 어떻게 생겼는지 나의 어린 시절을 짚어보다가 한 사건을 만났다. 나이는 다섯 살이었는지 여섯 살이었는지 기억나지 않지만, 그 장면은 비교적 선명하게 떠올랐다. 시골 행랑채에 아버지와 동네 어른들이 모여서 이런저런 잡담을 하고 있었다. 술도 한

잔 하셨는지 오가는 소리도 제법 컸다. 집 밖에서 동네 친구들과 놀다가 집에 무엇인가 가지러 왔던 것으로 기억된다. 아버지와 동네 어른들이 모여 있는 행랑채 앞을 가로질러 바삐 뛰어가는 내 모습이 아버지 눈에 띄었다. 술로 인해 기분이 좋아진 아버지는 내심 당신의 친구들에게 자식 자랑을 하고 싶으셨나 보다. 아버지가 대뜸 나를 불러 세운다음, 그 앞에서 노래를 부르라고 시켰다.

  평소 노래를 잘하지 못하는 데다 성격도 내성적인 나로서는 여간 부담이 되는 자리가 아니었다. 엉거주춤하게 서서 눈치만 보고 있는데, 아버지의 목소리가 커졌다. 다급하게 재촉하는 소리에 그렇잖아도 주눅이 든 나는 이제 얼굴이 벌게지고 다리까지 후들거렸다. 나의 이런 모습에도 아버지는 아랑곳하지 않고, 한 번 뱉은 말이니만큼 어떻게든 성사시키고야 말겠다는 투로 채근했다. 상황이 이렇게 되자, 옆에 있는 동네 아저씨들이 아버지를 말렸다. 서로 기분 좋자고 시작한 일인데, 내가 그것을 수용하지 못하자 노래는 그만두자고 아버지를 달랬다. 동네 아저씨들의 이런 반응에 이제는 살았구나, 노래하지 않고 이 자리를 벗어날 수 있겠구나 하고 안도의 숨을 쉬며 아버지의 마지막 처분만 기다리고 있는데, 아뿔싸 아버지의 고집은 그것으로도 꺾이지 않았다. 아들이 저렇게 노래 부르는 것을 힘들어하니 그만두자는 친구들의 말을 뿌리치고 급기야는 손찌검을 할 태세로 나를 코너로 몰아넣었다. 노래를 잘 부르든 못 부르든 어쨌든 부르지 않고는 여기서 벗어날 수 없다는 절망감에서 '학교종이 땡땡땡 어서 모이자'라는 노래를 어렵사리 불렀다. 모기만한 목소리였다. 눈에는 눈물이 그렁거렸고, 목소리엔 울음이 섞여 있었다. 끝까지 부르지도 못하고 중도에 그만두었다.

이 일로 흥겹던 그 자리는 파하고 말았다. 이 일은 내게 노래에 대한 아픈 기억으로 남아, 이후 노래만 보면 피하고 싶은 열등감으로 작용되었다. 나의 무의식에 있던 노래에 대한 아픔을 들추는 순간에는 마치 당시의 나로 돌아간 것 같았다. 아버지 앞에서 잔뜩 겁먹은 어린아이가 보였다. 그러나 이것을 의식의 세계로 꺼내오는 순간 아픔은 치유되고 열등감도 엷어지는 기분이 들었다. 노래에 대해 순수한 반응을 할 수 있겠다는 생각이 들었다. 무의식을 의식화하는 것은 이런 효과가 있다.

자신을 알아가는 것이 중요하다는 것에 초점을 맞추다 보니 설명이 장황하게 길어졌다. 코칭 현장에서 다루는 주제도 자신을 알아가는 것이 상당히 많다. 피코치 자신이 선정할 때도 있고, 코치가 코칭을 진행하는 과정에서 자신에 대한 통찰이 일어날 수 있도록 안내할 때도 있다. 어느 경우든 자신에 대한 이해의 폭이 넓어지는 효과는 같다고 할 수 있을 것이다.

나는 보는 각도에 따라 달라진다

자신의 성찰을 통해서 자신을 알아가는 방법 이외에 어느 방향에서 자신을 바라보느냐에 따라 달라지는 자신의 모습을 통해 알아가는 방법도 있다. 전자는 자신의 내면에 잠재해 있는 무의식의 세계를 탐구하는 것이고, 후자는 자신을 바라보는 시각을 여러 부분에서 돌려보는 것이다.

보는 시각에 따라 한 사람도 세 가지 모습으로 나타난다. 이렇게 되었으면 좋겠다고 생각하는 '이상적인 자신의 모습', 자기 스스로 나는 이렇다고 생각하는 '자기가 보는 자신의 모습', 그리고 마지막으로는 다른 사람이 보는 '남이 보는 자신의 모습'이다.

세 가지 모습은 일정 부분 공통된 부분도 있을 것이고 다른 부분도 있을 것이다. 세 가지 모습 중 공통부분이 많을수록 바람직하고 건강한 자아를 가지고 있다고 할 수 있다. 서로의 갭이 크면 스스로 착각에 빠져 있거나 무엇인가 이상한 모습이다. 이를테면 스스로 자신을 '나는 친절하고 관대한 사람이다'라고 생각하는데, 다른 사람이 그를 볼 때 '저 사람은 독선적이고 불친절한 사람이다'라고 생각한다면 분명 문제가 있는 것이다. 자신은 친절하게 행동한다는 것이 다른 사람에게 전혀 친절한 것으로 비치지 않거나, 친절하게 행동하지 않으면서도 스스로 친절하게 행동한다고 착각할 가능성이 높다. 이상적인 자신의 모습과 현재의 모습과의 차이가 심한 것도 그리 바람직하지 못하다. 이상을 매우 높게 잡아 현재의 모습과 격차가 클 수도 있겠지만, 현재 모습이 일정 수준에 미달해서 벌어진 것이 대부분이기 때문이다.

그러므로 기회 있는 대로 자주 자기 자신을 성찰해보는 것은 성장에 필수적인 밑거름이 된다. 셀프 코칭을 통해 자신을 탐색해갈 수도 있고, 코칭을 진행하는 과정에서 자기인식은 자주 언급되는 주제다. 현재의 자신을 진단해보고, 앞으로 나아가고자 하는 자신의 모습을 그려보는 것이 중요하다. 자신의 인식이라는 첫 걸음을 떼는 것만으로도 이미 성장은 시작되었다고 해도 과언은 아닐 것이다. 자신의 좋은 점이 무엇이고, 부족한 점이 무엇인가를 안다는 것은 자신을 개선하려고 하는 의지가 작동되지 않으면 일어나지 않기 때문이다.

그리고 쉽지 않지만 주변의 자신을 이미 알고 있는 사람에게서 자신이 어떻게 보이는지 알아보는 것이 필요하다. 남이 보는 자신의 모습을 알기 위해서다. 타인에게 보이는 객관적인 자신의 모습을 겸손하게 받아들여야 한다. 생각만큼 좋은 점수가 나오지 않을 경우가 있을 수도 있다는 마음의 준비를 해야 한다. 그리고 타인의 눈에 비친 그 모습이 어쩌면 자신의 진짜 모습에 가까울 수도 있다는 것도 잊지 말아야 한다.

자신과 타인의 모습의 차이가 있다면 자신과 타인이 같은 행동에 대한 서로 왜곡된 인지로 인해 발생된 결과인지 아니면 내면의 본모습이 그대로 드러남으로써 파생된 결과인지를 성찰한 뒤, 개선점을 찾아 고쳐나가야 할 것이다. 성장에 필수적인 자기인식도 스스로만 하는 경우에는 우물 속의 개구리처럼 다른 세계를 보지 못한다. 시각을 바꾸어 다르게 보아야 자신의 모습을 제대로 볼 수 있다. 앞에서만 사람을 볼 것이 아니라, 옆에서도 보고 뒤에서도 보아 전체의 모습을 그려내야 한다.

자기를 온전하게 인식하는 데 도움을 주기 위한 방법으로 '조하리의 창'이 이용되기도 한다. 이것에 따르면 사람을 보는 영역은 네 가지 창(영역)이 있다고 한다. '내가 알고 있는 나'와 '내가 모르고 있는 나'가 있고, 또 '남이 알고 있는 나'와 '남이 모르는 나'가 있다. 두말할 필요 없이 '내가 알고 있는 나'와 '남이 알고 있는 나'의 영역이 큰 사람이 바람직한 모습의 사람이다. 나도 모르고 남이 모르는 영역이 큰 사람은 마치 가면을 쓴 경우처럼 진면목을 볼 수 없는 사람일 것이다. 조하리의 창을 통해서도 우리가 배울 수 있는 것은 가장 이상적인 모습인 '내가 알고 있는 나'의 영역과 '남이 알고 있는 나'의 영역을 가능한 키워가는 것이 좋다는 것이다.

그렇다면 어떻게 이 영역을 키워갈 수 있을까? '내가 알고 있는 나'의 영역을 키우기 위해서는 스스로 자기성찰, 즉 자신을 피드백해 보는 것이 필요하다. 그리고 '남이 알고 있는 나'의 영역을 넓히기 위해서는 자신의 행동을 투명하게 개방하는 것이 필요하다. 이렇게 할 때 자신도 알고 남도 아는 건강하고 바람직한 영역이 점점 넓어져, 스스로도 행복하고 남에게도 좋은 영향력을 미치는 사람으로 성장하게 된다.

각계에서 성공한 사람들을 살펴보면 공통적으로 자기인식 능력이 높게 나타나는 것을 볼 수 있다. 심리교육학자인 하워드 가드너는 인간에게 7가지 종류의 다중지능이 있다고 했다. 7가지 지능은 음악적 능력, 신체 운동적 지능, 논리 수학적 지능, 언어적 지능, 공간적 지능, 대인관계 지능, 그리고 자기이해 지능이다. 다중지능 중 자기이해 지능, 즉 자기인식 능력이 높은 사람은 자신의 분야에서 성공한 사람이 많았다.

음악계에 있는 사람은 당연히 음악지능이 뛰어나다. 하지만 음악지능 한 가지 능력만으로는 꾸준히 성장하지 못했다. 음악의 세계에 뛰어들어 처음에는 자신이 가지고 있는 재능으로 인해 쉽게 빛을 볼 수 있을 것이다. 그런데 어느 정도 경지에 오르면 현재 자신의 재능을 뛰어넘은 영역이 있을 것이다. 이곳에 도달하기 위해서는 무엇이 필요할까? 자신을 돌아볼 줄 아는 자기이해 지능이 필요한 것이다. 음악을 하는데 있어서 어떤 점이 강점이고 어떤 점이 약점인지 분석하고, 강점을 강화하는 한편 약점을 보충하기 위해서는 어떻게 해야 하는지를 인식하고 적용하는 사람이 음악세계에서 큰 성과를 낼 수 있을 것이다. 이것을 가능하게 해주는 것이 바로 자기이해 지능이다.

음악뿐만 아니라 신체 운동지능이 뛰어난 운동선수나 연구분야에 종사하는 논리 수학적 지능이 높은 사람도 마찬가지다. 자신의 전문분야에 맞는 지능이 높아야 한다는 것은 당연하고, 이를 뒷받침하는 자기이해 지능이 있어야 성공한 전문가의 경지에 오를 수 있는 것이다. 자신을 바라보되 자신의 시각만이 아니라 타인의 눈을 통해서 바라보고, 남이 아는 영역을 키워가고, 또 자기이해 지능을 키워가는 것은 서로 표현은 조금씩 다르지만 '자신을 제대로 알자'는 것을 강조하고 있다.

세상에서 가장 듣고 싶은 말은 '사랑해, 고마워'라는 말보다 바로 자신의 이름이라는 말을 들은 적이 있다. 공감이 간다. 내 이름을 누군가 불러줄 때 나의 의식은 그곳에 집중한다. 그리고 그것을 마다하지 않고 좋아한다. 단체 사진을 볼 때면 우리 눈은 누구를 향하는가? 바로 자신의 얼굴이다. 다른 사람이 어떻게 나왔든 자신의 얼굴이 밝게 찍혔다면 일단 기분이 좋다. 세상에서 가장 값진 말은 자기 이름이고 가장 보고 싶은 것은 자신의 얼굴이다. 이렇듯 세상에 둘도 없는 소중한 한 사람, 나의 이름이 불려질 때마다 과연 어떤 사람으로 인식되고 있는지 한번쯤 곰곰이 생각해볼 일이다.

네 번째 필수 영양소

아침에 출근해서 메일을 열었더니 최근 코칭을 받고 있는 피코치로부터 마음이 저절로 따뜻해지는 소식 하나가 도착해 있었다. 메일 내용은 이랬다. "오늘은 직원들에 대한 이야기를 잠깐 뒤로 미루고 우리 가족에 대한 이야기를 하려고 합니다. 요즘 코치님께서 말씀해 주신 지지적 피드백을 조금씩 사용하고 있는데, 그 효과가 정말 크다는 것을 실감하고 있습니다. 특히 회사직원보다 가족에게서 얻는 효과가 큽니다. 어떤 일이 있었는지 말씀드리기에 앞서 코치님의 이해를 돕기 위해 염치불구하고 제 가족 사항을 소개합니다.

저는 평일엔 포항에서 근무하고 제 아내와 아이들은 서울에 사는 평범한 주말부부입니다. 큰딸은 현재 국립암센터 간호사입니다. 이제 입사 3년을 조금 지났지요. 딸아이는 입사 이후 어떻게든 이유를 만들어 그곳을 그만둘 생각만 했습니다. 처음에는 간호사의 교대근무가 힘들어서 그만두고 싶다고 하더니, 다음에는 자신이 근무하는 중에 환자가 운명하는 것을 지켜보기가 어렵다는 이유로 그만두고자 했습니다. 다행히 아내는 간호사 경험이 있어 이런 딸을 잘 설득했습니다. 간호사가 교대근무를 싫어하면 어디서도 근무하기 힘들고, 또 간호사 직무는 환자와 가족들의 아픔을 참고 인내해주어야 한다며 설득했습니다. 아내의 설득이 주효했는지 한동안 잠잠하더니 이제는 딸아이의 갑상선에 문제가 생겨 또 한 차례 고비를 맞았습니다. 다행히 정도가 심하지 않고 담당 의사 또한 계속 근무하면서 치료해도 무방하다고 해서 그것도 무산되었습니다."

메일을 보낸 사람은 국내 굴지 대기업의 마케팅부를 맡고 있는 K부장이었다. K부장은 기업체 중간관리자인 부장급을 대상으로 총 3개월의 과정으로 집단 코칭을 진행하면서 만난 사람이었다. 집단 코칭은 일대일 코칭과 달리 코칭의 각 단계별 내용을 설명하고 시연하는 방식으로 진행했다. 이번 코칭에 참여한 대부분의 사람이 열심히 임했지만, 그 가운데에서도 특히 K부장의 열정은 눈에 띄었다. 시연하는 과정에서 조금이라도 이해되지 않는 부분이 있으면 서슴없이 질문을 했고, 중요하다고 강조하는 내용은 빠짐없이 메모하고 있었다.

지난달에는 마침 실행계획을 점검하고 확인하는 방법으로 피드백에 대해 코칭했다. 상대방의 신뢰를 얻기 위해서는 무엇보다도 지지적 피드백이 중요하다는 설명과 함께 구체적으로 어떻게 하는 것이 지지적 피드백인지 시연도 곁들였다. 휴식시간에 차를 마시면서는

'방금 배웠던 것을 직원이 아닌 가족에게 활용해도 되느냐?'며 묻기도 했었는데, 아니나 다를까 K부장은 이 지지적 피드백을 곧바로 가족에게 적용해본 것이었다. 그 결과 가족에게서 예상치 못한 효과를 보고서 기쁜 마음에 함께 나누고자 사연을 보내온 것이었다.

숨을 돌린 다음 계속되는 K부장의 메일을 읽어 나갔다. "최근에는 대학원에 진학하여 새로운 길을 찾아보겠다고 했는데, 간호사로서 임상경력 3년은 부족하니 나중에 이 분야에 전문교수가 될 생각이면 적어도 7년은 근무해야 한다며 말렸습니다. 이렇게 현재 하고 있는 일에 정을 붙이지 못하고 어떻게든 그럴듯한 이유를 만들어 그만두려고만 하는 딸아이에게 코치님이 가르쳐준 지지적 피드백을 카카오톡으로 보내기 시작했습니다. 내용은 별것 아니었습니다. '너는 참 장한 일을 하고 있다. 육체적, 정신적으로 힘든 환자를 치료하고 그 가족을 위로하는 일을 하고 있는 네가 자랑스럽다'라는 내용이었습니다. 처음에는 제가 보낸 문자에 대답이 없었습니다. 마치 아무런 감정도 없고 느낌도 없는 통나무와 대화하는 기분이었습니다. 그러나 포기하지 않고 계속하여 지지적 피드백을 보냈습니다. 한참을 지속하니까 드디어 답변이 왔습니다. '답이 늦어서 죄송해요. 당연히 제가 해야 할인데요'라는 문자였습니다. 그 뒤 딸아이는 예전과 달리 조금씩 감사가 늘어났습니다. 아내가 그러는데 집에서 아빠에게 온 문자를 보여주면서 자랑도 한다고 합니다.

그러던 중 지난 주일에는 딸이 진급했다고 해서 점심을 함께했습니다. 아마 제 생애 최고의 점심이었을 것입니다. 그러면서 딸이 '제가 요즘 아빠 덕에 많이 감사하며 살아요. 감사하려고 마음먹으니 진짜로 감사할 일이 많이 생겨요'라며 고마움을 표시했습니다. 어찌나 마음이 흐뭇하던지 코치님께 소식을 전하지 않고는 가만히 있을 수가 없었습니다. 이것이 바로 피드백의 효과인가 봅니다."

《피드백 이야기》의 저자 리처드 윌리엄스는 '피드백은 물과 공기, 음식 다음으로 사람이 살아가는 데 꼭 필요한 네 번째 영양소에 해당될 만큼 중요하다'고 강조하고 있다. 사람의 마음속에는 각자 피드백 통이 하나씩 있는데, 문제는 그 통에 구멍이 나 있다는 것이다. 이 구멍은 자신이 뚫을 수도 있고, 부모, 가족, 친구, 직장상사나 동료가 뚫을 수도 있단다. 구멍이 난 피드백 통에는 아무리 좋은 피드백을 넣어도 금세 새버리고 만다. '밑 빠진 독에 물 붓기' 식이다. 채우는 것보다 구멍을 메우는 것이 급선무인데, 지적능력을 향상하거나 칭찬과 격려와 같은 양질의 피드백을 꾸준히 제공하는 것이 방법이라고 말한다.

남자와 여자는 사는 나라가 다르다

일전에 TV에서 남녀의 차이에 대해 방영한 것을 본 적이 있다. 남자와 여자를 구분하여 언어능력 등을 실험하는 방식으로 진행되는 프로그램이었다. 남자들이 모여 있는 그룹에 진행자가 30분 시간을 주면서 아무 얘기나 하라고 한다. 실험에 참가한 남자들은 이 말을 듣고서 어리둥절해한다. 대여섯 명이 모인 자리에서 그나마 제일 젊어 보이는 남자가 가만 있으면 안 되겠다고 생각했는지 처음으로 말문을 연다. "아무 얘기나 하라고 하는데요. 저는…" 하면서 자신의 이름이 무엇이고 어디에 살고 있으며, 어떻게 이 자리에 참여하게 되었는지를 간단하게 얘기했다. 그러자 누가 시키지도 않았는데 시계방향 순으로 돌아가면서 차례로 이야기했다. 그것도 처음에 말한 사람의 모양새를 그대로 따라가고 있었다. 이름은 무엇이고 무슨 동에서 살고 있으며, 이 프로그램이 무엇인지도 모르면서 아내가 가자고 하는 바람에 할 수 없이 참여하게 되었다는 그런 이야기였다.

순서에 따라 한 순배가 돌고 나자 또 다시 정적이 찾아왔다. 참여한 남자들의 표정이 참으로 곤혹스러워 보인다. 서로 누군가 먼저 말해 주기만을 기다리며 눈치를 보고 있는 표정이 역력했다. 시선을 두기가 곤란하여 허공을 쳐다보거나 딴 짓을 하는 사람도 있었다. 실험에 참여하는 남자들도 편치 않았겠지만 이를 바라보는 시청자의 눈에도 답답함이 쌓였다. 30분이라는 시간이 참 길게 느껴졌다.

이번에는 카메라가 여자들이 모여 있는 곳을 비췄다. 여자들에게도 똑같은 미션이 주어졌다. 30분 동안 아무 얘기나 하는 것이 미션이었다. 여자들은 남자들과는 처음부터 확연히 달랐다. 이름과 사는 곳, 그리고 여기에 오게 된 이유를 설명하는 것이 아니라 관심 있는 분야를 얘기했다. 누구랄 것도 없이 요즘 자녀를 키우는데 속상한 일이 있다고 하자 금세 그 화제에 이목이 집중되었다. 한 사람이 말하면 공감하고, 또 그것에 덧붙여 자신의 경험담을 이야기하는 방식으로 말이 꼬리에 꼬리를 물고 계속 이어졌다. 간간이 웃음소리도 들리고 처음 만난 사이임에도 아주 친한 친구처럼 옆자리에 있는 사람의 팔을 치기도 했다.

시간이 조금 지나자 한 사람의 말에 따라가는 것이 아니라 여기저기에서 서로 얘기하기에 바빴다. 마치 이야기 잔치가 벌어진 것 같았다. 30분이라는 시간이 어느새 흘러갔다. 진행자가 시간이 다 되었으니 그만 그처달라고 주문할 정도로 활력이 넘쳤다. 남자와 여자의 언어능력의 차이가 이렇게 크구나 하는 것을 눈으로 확인하는 순간이었다.

다음에는 이야기의 소재를 주었을 때 남녀의 차이가 어떤지에 대해 보여주었다. 남녀 그룹 공히 초콜릿이 이야기 소재로 주어졌다. 앞으로 30분 동안 초콜릿에 대해 얘기하라고 하자, 남자 그룹에서는 전에 아무 얘기나 하라고 하는 것보다는 조금 나아졌다. 초콜릿의 가격, 재료, 몸에 좋은지 여부 등 초콜릿에 대한 각종 정보에 대해 이야기했다. 마치 아는 정보를 나누어주고 새로운 정보를 얻고자 하는 방식으로 진행되고 있다는 느낌을 받았다. 이에 비해 여자들은 초콜릿이라는 소재가 주어지자, 초콜릿에 얽힌 추억에 대해 말하기 시작했다. 데이트할 때 초콜릿을 먹었던 일, 친구와 함께 초콜릿을 먹으면서 우정을 쌓았던 기억 등을 떠올렸다.

이야기 소재를 가지고 말하는 것에서도 역시 활력과 흐름에서 여자 그룹이 월등히 앞섰다. 남자는 정보전달, 빠른 결론 찾기 등에 비중을 두었고 여자들은 추억을 떠올리면서 서로 공감해주는 데 비중을 두었다.

남자와 여자의 차이는 같은 사람이면서도 큰 것 같다. 오죽하면 다른 별에서 살던 사람이 어쩌다 지구라는 별에서 만나서 함께 살아가는 것 같다고 묘사까지 했을까 싶다. 《화성에서 온 남자 금성에서 온 여자》를 읽어보면 남자와 여자의 차이가 정말 큰 것을 알 수 있다. 남자는 대체로 논리적이고 공간지각 능력이 좋고, 결론을 알고 싶어한다. 여자는 언어능력이 좋고 결론보다는 과정 중심적이며 관심 받는 것을 좋아한다.

　남자와 여자가 스트레스를 해결하는 방법도 다른데, 이를 서로 알아서 적절하게 대처하면 남녀 사이의 의견다툼이나 싸움을 상당히 줄일 수 있다. 원만한 부부생활의 한 방법으로 적용해도 손색이 없을 것이다. 남자는 스트레스를 받으면 자기만의 동굴에 들어간다고 한다. 여기서 동굴은 사람에 따라 각기 다르다. 어떤 사람은 운동이 동굴일 수도 있고, 어떤 사람은 TV시청이 될 수도 있고, 또 친구와 만나 술자리를 갖는 것이 동굴이 될 수도 있다. 이런 동굴에 들어가 몇 시간 있다 보면 스트레스가 완화되어 동굴 밖으로 나온다고 한다.

　이때 주의할 점은 스트레스가 고조되어 동굴에 들어가려는 남자를 억지로 동굴 밖으로 끌어내려고 하면 안 된다는 것이다. 이를테면 직장에서 들어온 남편의 얼굴이 예전과 같지 않고 어두워 보여서(직장에서 스트레스를 받아서)집에 들어서는 남편을 보고서 남편을 위하는 마음에서 남편에게 "오늘 직장에서 무슨 일이 있었는지 얘기해보세요"라는 식으로 행동하는 것은 바람직하지 않다는 것이다. 남자는 지금 얘기할 기분이 아니고, 혼자서 자신의 동굴(생각을 정리하거나, TV를 보거나, 혹은 잠을 자거나)에 들어가고 싶은 것이다. 그러므로 가만히 놔두는 것이 상책이다. 동굴에 들어가 어느 정도 스트레스가 완화되었다고 생각되면 남자는 저절로 동굴 밖으로 나와 스스로 이야기를 하게 된다.

　여자는 스트레스 해소방법이 남자와 사뭇 다르다. 친한 친구나 스트레스의 원인을 제공한 사람에게 직접 이야기를 함으로써 벗어나는 경향이 강하다고 한다.

이렇게 남녀가 다른 스트레스 해소법을 알고서 그것에 맞추어 대응하는 것이 좋다. 소위 남자나라의 말과 여자나라의 말을 제대로 알아듣고 제대로 해석해낼 수 있어야 한다. 한국말과 영어가 다르듯이 남녀 나라의 말은 그 의미가 다르다. 남녀의 차이를 알아 상대방이 하는 말의 의미를 제대로 이해하는 것이 관계를 돈독하게 하는 첩경일 될 것이다.

남자의 성향 중에 인정받고자 하는 마음이 있다. 누군가에게 인정받으면 그 사람에게 충성하는 정도가 강해진다. 우리는 이런 사례를 매스컴을 통해 종종 본다. 관계를 중시하는 동양적인 사고가 강한 우리나라에서는 더욱 많은 것 같다. 필자도 남자인지라 인정받는 것에 대한 경험을 많이 했다. 그것도 가장 가까이 있는 가족에게서 인정받았을 때가 가장 기분이 좋았다. 이런 점에서 남자를 다루는 법은 의외로 간단하다고 생각한다. 남자를 인정해주면 남자는 기분이 좋아서 저절로 그 사람에게 충성하게 된다. 집안일을 전혀 도와주지 않는 남편을 변화시키는 방법은 남편을 칭찬하고 인정해주는 것이다. "설거지 좀 해주세요, 청소 좀 부탁해요" 하고 직접 말하는 것은 그다지 좋은 방법이 아니다. 그런 행동이 일어나지 않을 뿐만 아니라 남편의 마음에 저항만 일어난다. 대신에 방법을 바꾸어 "당신은 참 멋진 남편이며, 우리 가족을 위해 고생이 많다"는 것을 인정해주면 그 남편의 마음에 이렇게 인정해주는 아내를 위해 더 잘 해주어야 겠다는 생각이 든다. 일단 이런 생각이 들어가면 집안일을 도와주는 행동이 나오는 것은 시간문제다.

세상에 남녀가 함께 모여 살고 있다. 절반은 자신과 다른 성(性)이다. 남자로서 여자를, 여자로서 남자를 이해한다는 것은 세상의 절반에 해당되는 사람의 성향을 이해한다고 말할 수도 있을 것이다. 옳고 그름을 떠나 다름의 존재로 이해하고 수용하면 우리 모두는 지금보다 훨씬 더 행복한 관계를 이루어갈 수 있을 것이다.

자기주장 결핍증

직장에서 연수 중에 성격유형 검사를 받은 적이 있다. 검사항목 중에 자기억압지수가 있었는데, 연수생 중의 한 명이 매우 높게 나왔다. 이 직원은 누가 봐도 직장에서 사람 좋기로 평판이 난 사람이었다. 무엇을 요청해도 다 들어주고 절대 화내지 않을 그런 사람이었다. 그런데 그 내면에는 자기를 억압하는 부정적인 힘이 자리 잡고 있었다. 자신이 정말 원하는 것이 분명 있고, 이것이 상대방의 바람과 상충될 때에는 자신이 희생하는 쪽을 선택했던 것이다. 그러다 보니 이 직원에게는 자기억압이라는 그릇이 자꾸만 커져가고 있었던 것이다.

    강사는 이 직원에게 앞으로는 가능한 자기주장을 많이 하면서 살라고 권했다. 가족과 함께 외식을 하러 갈 때도 아내와 자식에게 양보만 하지 말고, 가끔은 정말 당신이 먹고 싶은 것을 먹으러 가라는 것이었다. 지금과 같이 계속하여 이렇게 자기를 억압하기만 하면 언젠가는 자신도 통제할 수 없을 정도의 힘으로 폭발할지도 모른다고 했다. 그 직원도 자신이 이렇게 자기억압지수가 높은 줄을 미처 몰랐으며, 이렇게 자기억압 정도가 높다는 것을 알았으니 앞으로는 자신의 마음속 바람에도 귀를 기울여야겠다고 다짐했다. 자신의 탐색이 이루어진 것이다.

그런데 곰곰이 생각해보면 자기를 억압하지 않고 속마음을 있는 대로 표현하면서 살기가 그리 쉽지 않은 것 같다. 성향과 기질이 다른 사람들끼리 모여 사는 세상에 자신의 마음과 같은 사람은 과연 얼마나 있을까? 가정에서 직장에서 어떤 일을 처리할 때마다 의견이 달라질 수 있다. 이런 상황에서 자기를 억압하는 것이 좋지 않다면서 무조건 자기주장만을 한다면 어떻게 되겠는가? 상대방도 그 사람의 입장에서 자기주장을 할 터인데, 이렇게 되면 서로 의견대립은 피할 수 없게 될 것이다. 곳곳에서 자기억압지수를 낮추겠다고 자신이 하고 싶은 대로 행동한다면 세상은 다툼과 분쟁이 끊이질 않을 것이다.

상호 충돌을 피하면서 건강하게 자기주장을 하는 방법을 찾는 것이 좋은 해결책이 될 것이다. 어떻게 하면 자신의 바람을 떳떳하게 주장하면서 상대방의 기분도 상하지 않게 할 수 있을까? 이 질문에 대한 답으로 앞서 언급한 '비폭력 대화'를 권하기도 한다. 상대방과 대화할 때 폭력적이지 않은 방법으로 하라는 것이다. 생각나는 대로 말하다 보면 자신도 모르게 그 말은 폭력으로 변하기 일쑤다. 생각하고 또 생각하여 자신의 입에서 나오는 말이 상대방에게 폭력으로 다가가지 않도록 노력해야 한다. 비폭력 대화의 핵심은 관찰, 느낌, 욕구, 부탁으로 이루어져 있다. 효과적인 코칭을 위한 한 가지 스킬로서 비폭력 대화도 종종 거론되고 있다. 여기서는 건전한 자기주장의 방법으로 비폭력 대화가 사용된다는 정도만 소개하고 구체적인 활용방법은 다음 장에서 보다 상세하게 설명할 예정이다.

자기주장을 못하는 사람은 다른 관점에서 보면 '착한아이 콤플렉스'에 빠졌다고도 할 수 있을 것이다. 주위에서 착하다, 선하다는 칭찬을 듣다가 나중에는 자신이 착하다는 인상을 깨뜨리지 않으려고 하기 싫은 일도 한다는 것이다. 진짜는 하고 싶지 않고 그 사람의 말을 듣고 싶지 않은데, 그러면 그동안 쌓아왔던 나의 착한 이미지가 무너질까봐 그렇게 하지 못한다는 것이다. 이 같은 삶은 결코 건강한 삶이 아니다. 겉으로는 좋게 보일지라도 자신의 내면은 억압이라는 부정적인 것이 자꾸만 커져가는 것이다. 내면의 소원과 겉의 행동이 일치되는 사람이 정말로 건강한 사람이다. 자신도 건강하게 살면서 상대방에게 상처도 주지 않는 관계의 기술은 우리 삶을 행복하고 풍요롭게 해주는 마법과 같은 기술이다. 비폭력 대화를 활용한 코칭이 이를 가능하게 해줄 것이다.

4장

마음을 읽는 소통의 기술

코칭의 두 기둥

코칭을 진행하는 핵심 기술은 경청과 질문이다. 피코치가 하는 말을 잘 들어주는 것과 또 피코치에게 적절하게 질문해주는 것이다. 이렇게 말하고 나니 세상에 코칭처럼 쉽고 간단한 것이 없겠다는 생각이 든다. 누구나 귀가 있고 입만 있으면 할 수 있겠다는 생각이 든다. 다른 사람의 말을 들어주는 것쯤이야, 지금 당장이라도 마음만 먹으면 되지 않겠는가? 그리고 질문하는 것 또한 평소 하던 말에 의문사만 붙이면 되지 않을까 하는 생각을 할 수도 있겠다.

그런데 다른 사람의 말을 잘 들어주고 그 들었던 말을 바탕으로 생각을 확장하게 하는 질문을 던진다는 것이 그리 쉽지 않다. 경청의 모든 것을 알고자 분석해 들어가면 실로 많은 것들이 그 안에 내포되어 있음을 새삼 깨닫게 된다. 경청의 태도, 마음가짐, 기술 등 각 파트별로 얘기할 내용이 참 많다. 그리고 이것들을 지식으로 알고 있다고 해서 과연 또 경청을 잘한다고 말할 수 있을 것인가? 독자들도 짐작하겠지만 이 물음에 대한 답은 '아니오'이다. 경청에 관한 모든 것들을 아는 것은 물론 그것들이 철저하게 몸에 배어 있을 때 비로소 상대방의 말을 제대로 들을 수 있는 것이다. 질문의 영역도 경청과 같이 간단치 않다. 질문의 형식을 어떻게 사용할 것인지, 질문할 때 단어 선택은 어떻게 할 것인지를 신중하게 고려해야 한다. 상대방이 말하고 싶어하는 것을 잘 파악하여 그것을 물어주는 것이 필요하다. 생각과 의미가 계속하여 확장되도록 질문의 순서를 신중하게 배열하고 관점의 변화가 일어나도록 새로운 시각에서 질문하는 것도 또한 빠뜨리지 않아야 한다.

코칭을 시작할 때 갖는 염려 중 하나는 '내가 코치로서 과연 이 사람에게 도움을 줄 수 있을까?' 하는 것이다. 코칭에 대한 제반 이론과 기술을 철저히 학습하여 이론적으로 무장되었다고 해도 실제 코칭 현장에서 문제를 안고 있는 피코치를 만나면 책에서 배운 대로 진행될 것인지 걱정이 앞선다. 피코치에게 무슨 말을 어떻게 시킬 것인지, 혹 입을 다물고 말을 하지 않으면 어떻게 하지, 혹은 말을 해도 겨우 한두 마디만 하거나, '몰라요' 등으로 일관하면 어떻게 하나, 또 처음부터 교감이 형성되지 않으면 무엇으로 이것을 풀어나가야 되나 하는 등의 생각으로 머릿속이 복잡하다. 그러다 보면 피코치의 말을 잘 들을 수 없다. 비록 단어와 문장은 귀로 듣고 있지만 그 말 속에 담겨 있는 뜻은 발견하지 못하는 것이다.

경청이 되지 않으면 다음 진행이 제대로 되지 않는다. 질문을 하기도 어렵고 또 무엇에 대해 질문해야 하는지도 잘 모른다. 그리고 내놓은 문제의 깊은 부분으로 들어가기도 어렵다. 어쨌든 처음 꺼내 놓은 피코치의 말에 전적으로 공감하면서 경청하게 되면 피코치는 '아, 이 사람은 내 말을 잘 들어주는 구나. 나와 같은 생각을 하고 있구나'라는 마음이 들어 점점 깊숙이 자신의 문제를 표출해간다. 그러는 중 코치로부터 예기치 못했던 질문을 받게 되면 그 질문에 대한 답을 찾기 위해 생각하는 중에 평소에 깨닫지 못했던 통찰이 일어나기도 한다. 이렇게 경청은 코칭의 물꼬를 트는 첫 번째 관문이다. 상대방의 마음의 문을 여는 일종의 열쇠가 되는 것이다. 그래서 경청과 질문 중 굳이 우선순위를 들라면 경청이 질문보다 앞선 기술이라고 할 수 있겠다.

사람이 드나드는 성문은 두 기둥이 튼튼해야 견고하다. 한 쪽은 크고 건실한데 다른 한 쪽은 약하다면 균형이 맞지 않아 찌그러진 성문이 될 것이다. 이런 성문으로는 사람이 출입하기도 어려울 뿐만 아니라 오래 버티지 못하고 무너질 것이다. 코칭이 효과적으로 진행되기 위해서는 코칭의 두 기둥인 경청과 질문이 공히 튼튼해야 한다. 비록 경청의 기술을 활용하여 피코치의 마음의 문을 열었다고 해도 제대로 된 질문을 하지 못하면 코칭이 성공적으로 진행되지 못한다. 이런 점에서 코칭의 핵심 기둥인 경청과 질문은 상호 보완적이라 할 수 있겠다. 잘 들어줌으로써 피코치가 가지고 있는 문제에 접근하고, 접근한 문제를 요리조리 질문함으로써 문제의 해결책을 발견하는 것이다. 또한 한 번의 해결책으로 끝나지 않으면 다시 다른 해결책을 대안으로 생각해보고, 이 대안들에 대한 피코치의 생각을 경청하고 질문하는 방식으로 코칭 과정이 계속 진행된다. 마치 계단을 올라가듯 낮은 수준의 문제접근에서 점차 높은 수준의 문제접근과 해결책으로 나아가는 것이다.

경청과 질문 외에 피드백, 실행점검 등의 방법이 코칭의 효과를 배가하기 위해 활용되기도 한다. 경청과 질문으로 견고하게 세워진 성문에 피드백이나 실행점검으로 쪽문을 내거나 장식을 달아 보다 편리하게 성문을 이용하는 것과 같은 이치라고 할 수 있겠다. 경청과 질문을 통한 기본적인 코칭으로 도출된 실천방안을 실행한 다음, 그 결과를 점검하고 잘한 점은 격려 지지하여 더욱 잘하도록 하는 한편 부족한 점은 교정적인 피드백을 사용하여 개선하도록 도와주는 것이다. 실행점검을 하는 방안도 주체는 어디까지나 피코치 자신이다. 자신이 내놓은 실천방안을 스스로 실행한 뒤 그 결과를 코치에게 알려주는 방식을 취한다. 주로 코칭이 3~4회 진행되는 중에 이런 실행점검을 하게 되는데, 요즘은 대부분 핸드폰 문자나 이메일을 이용하여 실천 여부를 피코치가 코치에게 알려주기도 한다. 그런 다음 코치는 피코치의 실행 여부에 따라 격려나 피드백을 적절하게 사용하는 것이다.

마음으로 들어라

우리 신체에 귀는 두 개이고 입은 한 개인 것도 나름 뜻이 있는 것 같다. 말하는 것보다 듣는 것을 두 배로 하라는 조물주의 메시지가 여기에 담겨 있지 않을까 하는 생각이 든다. 우리 말 중에 '듣기는 빨리 하고 말하기는 더디 하라'는 말이 있다. 또 한자의 들을 '청(聽)'에 담겨진 의미를 살펴보면, '다른 사람의 말을 듣는 이(耳)가 으뜸(王)이며, 들을 때는 열개(十)의 눈(目)을 움직여 하나의(一) 마음(心)을 주시하는 것처럼 들으라'는 메시지가 있다고 설명하기도 한다. 이 모든 말이 우리에게 전하고자 하는 공통의 의미는 '듣는 것이 중요하다'는 것이다. 코칭에도 8대 2 법칙이 있는데, 이는 상대방 이야기를 듣는 것을 '8'로 하고, 자신의 이야기는 '2'만 하는 법칙이다. 코칭의 대부분을 듣는 데 할애하라는 뜻이다.

그런데 우리는 대체로 듣는 것에 대해 평소 그다지 주목하지 않는다. 듣는다는 것 자체가 적극적인 행동을 의미하기보다는 가만히 손 놓고 앉아서도 얼마든지 들을 수 있는 소극적인 행동으로 보는 경향이 강해서 그런지도 모른다. 그리고 듣는 것이 별로 어렵지 않고 내가 듣겠다는 마음만 가지면 얼마든지 할 수 있을 정도로 매우 쉬울 것이라는 생각이 지배적이다. 듣는 것이 과연 이런 생각처럼 쉬울까? 결론부터 말하자면 결코 그렇지 않다. 신체적인 귀에 소리가 들려오는 대로 듣는 것은 누구나 할 수 있다. 그런데 그 소리에 담긴 의미를 파악하고 상대의 마음을 읽어가는 과정까지 포함한 듣기는 쉬운 과정이 아니다. 부단한 노력과 연습이 필요한 부분이다. 우리말은 '듣는다'라는 하나의 표현으로 쓰지만, 영어 표현은 어떻게 듣느냐에 따라 다르게 사용한다. 들려오는 소리를 그대로 듣는 수준은 'Hearing'으로 쓰고, 의미를 파악하면서 듣는 수준은 'Listening'으로 표현한다. 그래서 영어식으로 표현하자면 'Hearing'이 아니라 'Listening'을 해야 제대로 듣는다고 말할 수 있는 것이다.

의사소통의 구조에서 살펴보아도 제대로 듣는다는 것이 결코 용이하지 않다는 것을 알 수 있다. 의사소통의 구성요소에는 말을 하는 송신자와 말을 듣는 수신자가 있고, 그 두 사람 사이에 문자라는 도구가 사용되고 있다. 문제는 문자를 보내는 사람과 받는 사람이 정확하게 일치하는 해석을 해야 하는데 그렇지 못할 때가 종종 있다는 것이다. 쉬운 예를 하나 들어보자. 점심때가 지나 배가 고픈 남편이 아내에게 이렇게 말한다. "여보, 지금 몇 시야." 남편의 이 말의 속뜻은 지금 점심때가 훨씬 지났으니 어서 빨리 밥을 먹자는 것이다.

지금 시각이 오후 한 시 사십 분이든 오십 분이든 그게 중요한 것이 아닌 것이다. 이 말을 들은 아내가 남편의 말을 듣고 제대로 해석하여, "그래, 벌써 시간이 이렇게 됐네. 우리 점심 뭐 먹을까?" 이렇게 반응하면 100점짜리 듣기다. 그런데, "지금 한 시 반이네"라고 답하거나, "당신은 시계 없어, 나한테 몇 시냐고 물어보게"라고 말한다면 제대로 들었다고 할 수 없다. 지금 몇 시냐며 묻는 문자 속에는 배가 고프니까 빨리 밥 먹자는 속내가 담겨 있을 수 있다. 이를 전달받았을 때, 즉 소리를 들었을 때 의미를 옳게 해석하여 응답하는 것이 제대로 들었다고 할 수 있다.

사람 사이의 관계에서 사람의 마음을 얻는 것이 가장 힘들다고 한다. 우리는 상대방의 마음을 얻기 위해 이런저런 노력을 한다. 때론 밥을 사기도 하고, 때론 그가 좋아할 만한 것을 선물하기도 한다. 그런데 마음을 얻는 데에는 그 사람의 말을 잘 들어주는 것이 가장 좋은 방법이라고 한다. 이는 내가 친구에게서 가장 받고 싶은 것이 무엇인가를 곰곰이 생각해보면 공감이 갈 것이다. 내게 밥을 사는 친구가 제일 좋은지, 아니면 선물을 주는 친구가 좋은지를 비교해보면 될 것이다. 아무래도 내 말에 온전히 귀 기울여주는 친구가 가장 마음에 들지 않을까 싶다. 힘들다고 할 때 힘든 것에 공감해주며 위로해주는 친구, 기쁘고 신나는 일이 있을 때 함께 기뻐하며 축하해주는 친구가 바로 마음이 딱 맞는 친구일 것이다. 세상에 마음을 통할 수 있는 사람이 단 한 명이라도 있다면 그 사람은 결코 외롭지 않다고 한다. 반대로 많은 재물을 얻고 비록 높은 자리에 올랐다 하더라도 마음 터놓고 얘기할 친구가 없다면 이 사람이야말로 가장 외로운 사람일 것이다.

이런 점에서 볼 때 잘 듣는다는 것은 결코 소홀히 할 수 없는 덕목이다. 대인관계의 기초이며 필수불가결한 윤활유인 셈이다. 잘 듣는다는 경청이 코칭의 핵심이기 이전에 행복하고 풍성한 삶을 살아가는 데 필수요소라고 할 수 있을 것이다.

듣기만 잘해도 얻을 수 있는 것이 많다. 지금까지 강조한 사람의 마음을 얻는 것은 기본이고, 마음을 얻음으로써 부수적으로 따라오는 보너스를 받을 수 있다. 내 말을 잘 들어주는 친구에게는 만나면 밥도 사주고 싶고, 선물도 하고 싶고, 또 내가 할 수 있는 범위 안에서 도와주고 싶은 것이 일반적인 사람들의 마음이기에 이런 것들을 받을 수 있다고 생각하면 된다. 즉 여기저기서 밥도 사고 선물도 주고, 필요에 따라 도움을 얻을 수도 있는 것이다.

학생들이 공부 잘하는 비법도 잘 듣는 데 있다. 초중고 일선 학교에 경제교육을 나가 학생들에게 강의를 하다 보면 이 반에서는 누가 공부를 잘하는지 짐작할 수 있다. 유난히 강사와 시선을 맞추며 강사의 얘기를 놓치지 않고 집중하여 듣는 학생이 눈에 들어온다. 강의 후 담임선생님과 담소를 나누면서 잘 들었던 학생 이야기를 하면 십중팔구 그 학생은 우등생이었다. 경제교육이든 학과 수업시간이든 선생님의 말에 귀를 기울이는 학생이 공부에서도 앞서가는 것은 어쩌면 당연한 이치일 것이다.

    부부관계, 자녀와의 관계 또는 직장에서 상사와 부하직원과의 관계를 돈독히 하는 것도 상대방의 말을 잘 들어주는 데서 시작된다. 남편과 아내가 서로 마음을 읽어주는데 어찌 사랑이 쌓이지 않겠는가? 힘들고 소원했던 감정도 한 마디의 진정어린 대화로 봄볕에 눈 녹듯 사라지는 것이 부부관계다. 자녀와의 관계도 자녀의 말에 묻어 있는 그 마음을 읽어주면, 친밀감이 쌓인다. 자녀에게 돈 들여 피자 열 판 사주는 것보다 자녀의 마음 한 번 읽어주는 것이 백 번 나을 것이다.

    듣는 것 자체만으로도 힘이 된다는 것을 보여주는 예화가 있다. 악명 높은 아우슈비츠 수용소에서 생존하여 후에 의미치료의 길을 연 빅터 프랭클이 한번은 새벽 3시에 한 여자로부터 전화를 받았다. 더 이상 살기 싫다며 죽고 싶다는 전화였다. 프랭클은 전화기 너머에서 들려오는 목소리에 귀를 기울이며 자신이 평소 알고 있는 갖가지 상담방법을 적용했다. 어떻게 해서든 자살은 하지 말고, 다음 날 자신의 사무실에 방문해줄 것을 간곡히 당부했다. 그렇게 한참의 통화를 끝낸 뒤 전화를 끊었다. 프랭클은 초조한 마음으로 그 여자가 사무실로 나오기만을 기다렸다. 프랭클이 기대한 대로 그 여자는 죽지 않고, 다음날 오후 상담을 받으러 나왔다. 자신의 어떤 상담방법이 이 여자로 하여금 여기까지 나오게 하는 힘이 있었는지 궁금했다. 그래서 그는 여자에게 이렇게 물었다. "어떻게 여기에 나올 생각을 하게 되었습니까?" 여자의 대답은 프랭클이 기대한 것과 전혀 달랐다. "선생님께서 새벽 3시임에도 제 전화를 귀찮아하지 않고 제 말을 들어주셔서, 세상은 아직 살 만하구나 하는 생각으로 나왔습니다"라고 말했다고 한다. 프랭클은 여자의 이 말을 들으면서 어떤 상담방법이나 스킬보다도 그저 들어주는 것 자체만으로도 충분히 힘이 있다는 것을 깨달았다고 한다.

듣는 마음. 이것이 지혜의 본이라 할 수 있다. 다른 사람의 말을 듣고 그 사람의 마음을 읽을 수 있는 힘. 그리고 자연의 소리를 듣고 자연의 이치를 깨닫는 힘. 부하직원의 소리를 듣고 그들의 바람을 깨닫는 것, 나아가 백성의 소리를 듣고 인륜의 도리를 깨닫는 것. 이 모든 것이 듣는 데에서 비롯되는 힘인 것이다.

100단어와 500단어 사이

사람은 본성적으로 자기가 듣고 싶은 말만 들으려고 한다. 누구나 자신의 잘못을 지적하고 고치라는 소리를 듣고 싶지는 않은 것이다. 사실 여부를 떠나 좋은 말을 해주고 칭찬하는 말을 듣고 싶은 것이 인지상정이다. 오죽하면 때로는 뻔히 속이 보이는 아부의 말인 것을 알면서도 그것을 내치지 못하고 아부해주기를 은근히 기다린다고 한다. 사람의 마음이 원래 이렇게 돌아간다는 것을 알고서 늘 깨어서 경계하지 않으면 우리는 천성적으로 잘 듣지 못한다. 듣지 못하는 경우는 가만 놔두어도 저절로 되고, 잘 들으려면 각고의 노력을 기울여야 한다는 것이다. 마치 씨 뿌리고 가꾸지 않아도 조금만 지나면 여기저기서 잘도 올라오는 잡초처럼 잘 듣지 못하는 사례는 저절로 생기는 것이다.

잘 듣지 않는 사례는 크게 세 가지 경우가 있다. 첫째는 골라서 듣는 것이다. 자신이 듣기 좋은 말, 즉 칭찬이나 아부의 말만 듣거나 평소 자신이 관심 있었던 분야의 말만 듣는 것이다. 자신의 마음에 들지 않는 쓴소리에는 마음을 닫아버린 것이다. 이렇게 해서는 제대로 들었다고 할 수 없다. 두 번째는 듣는 척만 하는 것이다. 얼굴을 보면서 대화를 나누는 것 같지만 속으로는 딴 생각을 하는 것이다. 대중 강연이나 학교에서 학생들이 선생님 말을 들을 때 발생하기 쉬운 현상이다. 눈 뜨고 자리에 앉아 있어서 강사나 선생님의 말을 듣는 것 같지만 마음속에서는 다른 생각들이 작동하고 있는 것이다. 세 번째는 무시하면서 듣는 것이다. 말하는 사람에 대해 은근히 질투하거나 경멸하는 마음을 가질 경우 생기는 현상이다. 상대방을 인정하는 자세를 가지고 들어야 그 사람이 하는 말이 들릴 텐데, 상대를 얕잡아 보면 말이 제대로 들릴 수가 없다.

사람은 보통 1분에 100단어 정도를 말하지만 듣는 데는 말하는 것의 다섯 배에 해당하는 500단어 정도를 듣는다고 한다. 이 사이에 아무런 생각이 끼어들지 않도록 백지로 놔두는 것이 잘 듣는 요령중의 하나다. 미리 예측하거나 자신의 생각으로 앞서 나가지 않고 빈 마음으로 그 사람의 말에 집중한다면 잘 들을 수 있는 첫 걸음을 뗀 것이나 다름없다. 듣는 것과 말하는 것의 속도 사이에 대개의 사람들은 여러 가지 좋지 않은 바이러스들이 활동한다고 한다. 먼저는 판단의 바이러스가 움직인다. 상대말의 말을 들으면서부터 '저 말이 옳은 것인가, 아니면 틀린 것인가' 하면서 판단하기 시작한다. 자신이 이미 가지고 있는 경험이나 학식에 비추어보면서 이리 재고 저리

재는 것이다. 새로운 경험이나 학식은 개방적인 태도, 판단하지 않는 마음을 가질 때 받아들일 수 있다. 판단의 바이러스가 작동되는 것을 느끼면 그 즉시 판단을 중지하도록 해야 한다. '지금 무슨 생각을 하는 거야, 저 사람의 말을 일단 끝까지 잘 들어보자'는 생각으로 자신을 다독거리면서 판단을 하려는 것을 버려야 할 것이다.

또 검색의 바이러스도 작동한다고 한다. 자신의 경험세계를 재빨리 검색하여 지금 상대가 말하는 것과 비교해나간다는 것이다. 그 결과 어느 정도 일치하면 받아들이고 그렇지 못하면 거부해버리는 것이다. 그런데 우리의 경험이라고 하는 것이 우주 전체의 지혜에 비하면 얼마나 보잘 것 없고 부족한 것인지를 안다면 함부로 검색 키를 작동시키지 않을 것이다.

이외에 해석과 충고의 바이러스도 있다고 한다. 말하는 즉시 자기 방식으로 해석해버리는 것이다. 그 해석이 옳다면 별 문제가 안 되겠지만, 말하는 상대방의 의도와 다르게 해석한다면 제대로 듣지 못하는 경우가 발생하고 만 것이다. 또 충고의 바이러스도 조심해야 한다. 이는 상대방이 무엇인가 조언을 구하고자 의논해 올 때나, 연륜이나 경험이 자신보다 적은 사람과 대화할 때 흔히 나타날 수 있는 듣기의 장애물이다. 상대의 말이 채 끝나기도 전에 충고해줄 것부터 생각하는데 제대로 들릴 리가 없다.

상대의 말을 잘 듣기 위해서는 현재 자신의 듣는 자세를 진단하는 것이 먼저 이루어져야 할 것이다. 골라서 듣기, 듣는 척 하기, 무시하면서 듣기 등 잘 듣지 않은 사례 중 자신에게 해당하는 것은 없는지 살펴볼 일이다. 그리고 상대방과 대화 중 자신의 머릿속에 혹 판단, 검색, 해석과 충고의 바이러스가 발생하지는 않은지 점검해보아야 한다. 자신에게 관대해지려는 유혹을 떨쳐버리고 조금은 엄격하고 냉철하게 바라보아야 한다. 이렇게 자신을 진단한 결과가 나올 때 듣는 자세를 고치기 위한 계획을 세울 수 있다. 자각을 바탕으로 변화의 필요성을 깨닫는 코칭의 기본 정신이 여기에서도 적용되는 것이다.

자신에 대한 자각이 제대로 될 때 그만큼 변화하고자 하는 의지도 커지게 된다. 변화의 관점에서 실제적인 변화가 이루어지려면 변화의 중요성과 변화하고자 하는 실천의지가 높아야 한다. 변화의 중요성은 높은데 의지가 낮다면 한두 번 시도해보다가 포기해버릴 가능성이 있다. 반대로 하려는 의지는 높은데 변화의 중요성이 낮으면, 이 일을 할 필요가 있는가 하는 의구심이 일어 이 또한 지속적으로 변화해갈 수 없다.

잘 듣기 위해서는 부단한 노력이 필요하다. 연습량에 비례한다고 말할 수 있을 것이다. 사람들은 말하기는 외형적으로 금방 알 수 있어 훈련이 필요하다고 하면서도, 듣기는 잘 드러나지 않아 훈련의 필요성을 약하게 보는 경우가 있다. 그러나 앞서 살펴본 대로 말을 잘하기 위해서는 먼저 상대의 말을 잘 듣는 것이 우선되어야 한다. 상대방의 말을 경청한 다음 자신의 말을 할 때 제대로 된 의사표현을 할 수 있기 때문이다. 이런 관점에서 볼 때 듣기 훈련은 말하기보다 우선하여 연습해야 할 뿐만 아니라 더 중요하다는 인식하에 연습해 나가야 한다.

사람이 사람에게 줄 수 있는
최고의 선물은 공감이다

 말은 당연히 귀로 듣는다. 그런데 듣는 데 사용하는 도구를 자세히 들여다보면 귀만 사용하지 않는다. 눈과 몸, 그리고 마음까지 사용된다. 단순히 귀로만 듣는 것은 가장 초보적인 단계의 듣기다. 제대로 듣기 위해서는 귀는 물론 눈이나 몸과 같은 다른 도구들도 함께 사용되어야 한다.

 그 첫 번째 기관이 눈이다. 눈은 사람과 사람 사이의 중요한 커뮤니케이션 기관이다. 사랑이 잔뜩 담긴 한 번의 눈길은 백 마디 말보다 더 나을 수 있다. 반대로 차가운 눈길은 그 어떤 말보다도 상대에게 상처를 줄 수도 있다. 간혹, 아무 말도 하지 않았는데 쳐다만 봤다는 것에 기분 나쁘다며 시비가 붙는 경우가 있다. 왜 이런 일이 벌어질까? 우리의 눈길에는 말보다 더 강한 무언의 의사가 담겨 있기 때문일 것이다.

 연인들이 대화하는 모습을 보면 잘 듣기 위해 눈을 어떻게 사용해야 하는지 답이 나온다. 사랑의 감정이 충만한 연인은 시종일관 상대의 얼굴을 쳐다보면서 이야기한다. 잠시도 눈길을 연인에게서 떼지 않는다. 그러면서 연인의 말뿐 아니라 비언어적 메시지까지 하나도 놓치지 않고 읽으려고 노력한다. 모름지기 듣기를 잘하기 위해서는 이와 같은 자세가 필요하다.

사랑의 감정이 조금 식은 집안에서 대화하는 모습을 보자. 아내는 설거지하면서, 남편은 소파에 앉아서 TV를 시청하면서 얘기한다. 간혹 소음 때문에 말이 잘 들리지 않으면 목소리를 키울 뿐이다. 여기에는 얼굴을 마주하면서 시선을 맞추는 대화는 하지 못하고 있다. 이렇게 대화하면 상대의 말 속에 담겨 있는 속뜻까지 제대로 알기 힘들 수밖에 없다.

또 눈을 보면서 이야기하면 보다 진실에 가까운 말을 할 수 있다는 장점이 있다. 우리는 흔히 중요한 말을 하려면, '눈 똑바로 보고 말해요'라고 한다. 이는 우리의 신체기관 중 눈이 가장 거짓말을 못하기 때문이다. 입술은 쉽게 거짓말을 할지라도 눈빛은 속이기가 쉽지 않다. 이같이 눈을 사용하면 상대의 정직에 보다 가까이 다가갈 수 있는 이점도 있다.

듣는 데 몸을 사용한다는 것은 상대의 말에 긍정의 의미로 고개를 끄덕인다거나, 보다 자세히 듣기 위해 상체를 기울여 화자 가까이 다가간다든지, 혹은 집중의 표현으로 손을 모은다든지, 듣는 중에 자연스럽게 반응하는 것을 말한다. 이런 신체의 반응은 주의를 집중하여 들으려고 하면 의식하지 않아도 대부분 자연스럽게 취해지는 자세다. 말하는 사람은 상대가 이런 반응을 보이면, '이 사람은 내 말을 잘 듣고 있구나' 하는 메시지를 전달받아 절로 신이 난다. 그러면 듣는 사람도 더욱 맞장구를 치게 되어 대화가 점점 발전하고 깊어지는 상승모드가 되는 것이다. 몸을 사용하는 것은 앞서 얘기한 대로 듣기에 집중하다 보면 비교적 자연스럽게 나오는 행동이지만, 자신의 행동이 그렇지 못할 때는 의도적으로 연습해볼 필요도 있다. 말하는 사람의 눈을 바라보면서 고개를 끄덕여주는 것이다. 이것만 열심히 해도 상대에게 '나는 당신의 말을 잘 듣고 있다'는 메시지를 충분히 전달할 수 있다.

듣기의 가장 높은 단계는 마음으로 듣기다. 상대의 감정을 읽어주는 듣기다. 비록 내가 완전히 그의 입장이 되지는 못하지만, 마치 그가 된 것처럼 생각해보고 느껴보는 것이다. 마음으로 듣는 것은 공감하는 차원의 듣기다. 이 차원의 듣기를 할 수 있다면 상대의 마음을 얻는 것은 쉬운 일이다.

인본주의 심리학을 주창한 칼 로저스는 사람이 사람에게 줄 수 있는 최고의 선물은 공감이라고 했다. 상대방의 말을 있는 그대로 들어주고, 자신의 생각과 경험으로 예단하지 않고 마치 그 사람이 된 것처럼 지각하고 느끼는 것을 공감이라고 했다. 여기에서 중요한 것은 '마치 그 사람이 된 것처럼'이라는 표현이다. 이 말은 두 가지 측면에서 중요하다. 첫 번째 사람은 물리적으로 백퍼센트 그 사람이 될 수는 없다. 그러므로 가능한 그 사람이 된 것처럼 최대한 집중하고 노력하여 그 사람의 감정을 느끼고, 그 사람의 생각을 떠올려보는 것을 말한다. 두 번째 측면에서 중요한 것은 감정과 생각으로 그 사람이 되어버린 것은 공감의 차원이 아닌 동일시의 개념으로 바뀌어버리기 때문이다. 공감은 그 사람의 입장에서 충분히 감정을 읽어주고 다독인 다음 언제든지 빠져나올 수 있는데 반해, 동일시는 완전히 그 사람이 되어 감정적으로 나오고 싶을 때 나오지 못하는 단점이 있다.

이런 공감적 이해를 이루기 위해서는 경청이 필수적인 요소다. 일단 잘 들어야 상대방의 마음을 들여다볼 수 있기 때문이다. 이때 경청을 우리는 상대방의 말을 거울처럼 그대로 비쳐서 되돌려준다는 뜻인 '반영적 경청'이라고 표현하기도 하고, 또는 소극적으로 들려오는 소리만 듣는 것이 아니라 적극적으로 상대방의 말을 듣는다는 뜻에서 '적극적인 경청'이라고 말하기도 한다.

사람은 상대방이 자신의 말을 경청해주면 자신이 미처 발견하지 못했던 감정과 자각이 일어나기도 한다. 우리가 무엇인가를 얘기한다는 것은 어쩌면 그 사건에 대해 자신이 받아들이는 경험의 분량이 무엇인가 부족하다는 반증일 수도 있다. 자신의 내면세계에서 완전히 이해되고 설명되면 마음의 이슈로 더 이상 남아 있지 않을 것이다. 감정적이든 이성적이든 해결되지 않은 무엇인가가 있어서 이야기하는 것이다. 경청이란 이런 마음의 찌꺼기가 남아 있는 자신의 내면세계를 상대와 함께 탐색해가는 것이다. 혼자 바라볼 때는 미처 보이지 않고 알지 못했던 것이 함께 바라봄으로써 새롭게 보이는 것이다. 그 사건에 얽혀 있는 감정을 보다 정확하게 읽어줌으로써 이제는 더 이상 그것이 문제로 작동되지 않는 것이다. 그것이 이제는 오히려 자신의 경험세계에 건강한 정보로 저장되고 활용될 수 있을 것이다.

경청을 통해 충분히 공감적 이해를 받을 때 사람들에게 이런 치유와 회복이 일어남은 물론 미래의 성장까지 이룰 수 있는 것이다.

듣는 데도 기술이 필요하다

이번에는 잘 듣기 위해 사용할 수 있는 기술에 대해 살펴보자. 듣기가 얼마나 중요한지 안 순간, 그렇다면 어떻게 하면 잘 들을 수 있겠는가 하는 방법에 대한 질문이 뒤따르는데, 이 파트에서 설명하는 듣기 기술의 활용방법이 답이 될 수 있을 것이다.

먼저 말하는 상대방의 호흡이나 동작, 음조 등에 맞추어 그대로 반응해주는 것이 한 방법이다. 페이싱(Pacing)이라는 보조 맞추기 기법이다. 사람의 말을 잘 들어보면 같은 말이라도 기분에 따라 음색이나 음조 그리고 말의 빠르기가 다르다. 이를테면 직장에서 원하는 승진을 한 사람이 가족에게 전화를 걸어 말할 때에는 자신도 모르게 음조가 높고 빠르게 말한다. 자신의 기분상태가 말의 색깔에 그대로 묻어나는 것이다. 이럴 때 응대해주는 사람은 덩달아서 음색이 밝고 빠른 상태로 맞장구를 쳐주는 것이 잘 듣는 것이다. 말하는 사람은 기분이 좋아 말이 빠르고 높은데, 듣는 사람이 느리고 낮은 음으로 반응한다면 맥이 빠진다. 이는 잘 듣는 사람의 반응이 아니다. 입에서 나오는 말의 내용이 아니라 음색과 음정의 문제다. 즉 비언어적 메시지로 '나는 지금 당신이 기분이 좋음을 알고 있다'고 전달하는 것이다. 기분 좋은 사람과 달리 힘들고 어려운 일이 있어서 말소리가 쳐져 있는 사람에게는 또 그 사람의 어조에 맞추어 낮고 천천히 응해준다. 이를 한마디로 정리하면 말하는 사람과 보조를 맞추는 것이다. 마치 걸음을 걸을 때 보폭과 걷는 속도를 맞추어 어깨를 나란히 걷는 것과 같은 이치로 말을 듣고 응답하는 데 음색과 음조로 보조를 맞추는 것이다.

두 번째 듣기 기술은 상대방의 말을 듣고 중요한 말을 되돌려주는 것이다. 이때 상대방의 말을 그대로 되돌려서 다시 말해줄 수도 있고, 자신의 말로 바꾸어서 응답해줄 수도 있다. 예를 들어 상대가 "나 어제 친구랑 영화 봤어"라고 말하면, 여기에서 중요한 단어인 영화를 되돌려 말해주는 것이다. 그러면 상대는 자신의 말을 잘 듣고 관심이 있는 것으로 여겨 다음 이야기가 술술 나오게 된다. 상대방이 말할 때 입 다물고 가만히 있는 것보다, 중요한 핵심 단어를 다시 한 번 언급해주는 이런 방식은 누구나 어렵지 않게 사용할 수 있는 간편한 듣기 기술이다. 이 방법도 좀더 상세하게 나누면 말하는 단어를 순차적으로 따라가는 방법과 말의 요지를 한두 문장으로 요약하여 되돌려 주는 방법이 있다. 이것은 전문용어로 추적하기(Backtracking)라고 하는데, 화자와 청자의 잘못된 의사전달을 줄이는 데 매우 효과적이다.

우리 주변에서 나누는 공적인 대화를 자세히 들어보면 추적하기 방법이 많이 사용되는 것을 볼 수 있다. 콘도나 병원 등을 예약하고자 담당자와 통화할 때면 이런 반응을 접하게 된다. 날짜와 장소를 말하면 안내원은 복창하듯이 "고객님께서 원하는 날짜는 며칠이고, 숙박하고자 하는 장소는 어디이지요?"라고 되물어 확인한다. 바로 이것이 서로 간의 미스 커뮤니케이션을 줄이기 위해 사용하는 추적하기 방법인 것이다.

직장에서 업무를 처리할 때면 잘못된 의사전달로 인해 본의 아니게 손해를 입거나 하지 않아도 되는 일을 힘들여 하는 경우가 종종 있다. 상대방에게서 요청을 받거나 업무지시를 받을 때 추적하기 방법을 활용하여 한번만 확인했으면 줄일 수 있는 것들인데, 의외로 사람들은 이 방법을 사용하지 않는다. 대부분 사람들은 말을 다 듣고 되묻는 것이 귀찮다고 생각하거나 혹은 자신의 이해력이 떨어지는 것으로 비칠까봐 잘 사용하지 않는다. 그런데 추적하기 방법이 사용되는 상황을 가정하여 보면 결코 그렇지 않다는 것을 발견할 수 있다. 즉 상사가 부하직원에게 이런 저런 업무지시를 내렸을 때 부하직원이 상사의 지시를 다 들은 다음, "그러니까 팀장님께서 지금 지시하신 업무내용이 이런 것이지요?"라고 자신이 이해한 것을 되물어서 확인할 경우 팀장의 반응은 두 가지 중의 하나일 것이다. 하나는 팀원이 요약하여 말하는 것이 자신의 생각과 딱 맞는 경우다. 이때 팀장은 "그래 맞아, 내가 요구하는 것은 바로 그것이야"라고 반응할 것이다. 두 번째, 팀원이 요약한 것이 자신의 생각과 다를 때는 팀장이 "아니 내 얘기는 말이야," 하면서 이전보다 더 쉽고 자세하게 설명할 것이다. 이 과정에서 팀장은 자신의 지시내용을 확인하기 위해 되물어 오는 부하직원의 이해능력이 낮다고 판단하지는 않으며, 오히려 분명하고 확실한 업무처리를 위해 적극적으로 확인하는 사람으로 인식하게 될 것이다.

듣기 기술의 세 번째는 상대방의 말과 동작을 그대로 따라하는 것이다. 이 기술을 사용하면 말하는 사람은 마치 자신의 모습을 거울을 통해 보는 것과 같아진다. 말과 행동 그리고 표정까지 생생하게 되비쳐주는 것이다. 이 방법을 따라하기, 즉 미러링(Mirroring)이라고 하는데, 특히 어린이에게 사용하면 효과가 크다. 미러링을 사용하면 짧은 시간에 확실한 친밀감을 가져올 수 있다고 한다.

그러나 조심할 것이 하나 있다. 상대방의 행동 중 부정적인 것을 따라하지 말아야 한다는 점이다. 이 경우 자칫 자신을 조롱하는 것으로 여겨져 역효과를 가져올 수도 있다. 그리고 어른들의 경우는 따라하는 행동을 모양만 내고 크기는 작게 하는 것이 좋다고 한다. 조그맣게 해도 효과는 충분히 전달되기 때문이다. 현장에서 미러링을 할 때도 상대의 표정변화를 예민하게 살피는 것이 필요하다. 사람은 대체로 자신의 눈앞에서 말과 행동을 따라하는 이 사람이 자신의 말을 경청하기 위해서 이렇게 하는지 아니면 놀리기 위해서 하는지 알 수 있기 때문이다.

생각을 끌어내는 질문의 힘

———

 사람은 질문을 받으면 응답하려는 속성이 있다고 한다. 질문에 대해 쉽게 답을 하든, 혹은 그렇지 않든 우리는 질문을 듣는 순간 벌써 그 질문에 답을 찾으려 한다는 것이다. 평소 사람의 의식 활동은 외부 지향적이다. 생각이 밖으로 표출되고 말과 행동도 밖으로 향한다. 그런데 사람이 질문을 받으면 이 의식의 방향이 외부에서 내면으로 바뀐다. 사람의 이 같은 속성을 이용하면 질문을 통해 우리의 의식에 변화를 가져올 수도 있을 것이다.

 이런 점에서 볼 때 질문은 분명히 '힘'이 있다. 미국의 커뮤니케이션 컨설턴트인 도로시 리즈는 그의 저서 《질문의 7가지 힘》에서 질문이 우리에게 주는 7가지 힘을 설명하고 있다. 첫 번째, 질문을 하면 답이 나온다. 질문을 받으면 대답을 하지 않을 수가 없다. 두 번째, 질문은 생각을 자극한다. 질문은 질문을 하는 사람과 질문을 받는 사람의 사고를 자극한다. 세 번째, 질문은 정보를 얻는다. 적절한 질문을 하면 원하고 필요한 정보를 얻을 수 있다. 네 번째, 질문을 하면 통제가 된다. 모든 사람은 스스로 상황을 통제하고 있을 때 편안하고 안전하게 느낀다. 질문은 대답을 요구하므로 질문을 하는 사람이 유리한 입장에 서게 된다. 다섯 번째, 질문은 마음을 열게 한다. 사람들은 자신의 사연, 의견, 관점에 대한 질문을 받으면 우쭐해진다. 질문을 하는 것은 상대방과 그의 이야기에 관심을 보여주는 것이므로 과묵한 사람이라도 생각과 감정을 드러낸다. 여섯 번째, 질문은 귀를 기울이게 한다. 적절하게 질문을 하는 능력을 향상시키면 보다 적절하고 분명한 대답을 듣게 되고, 중요한 일에 집중하기 쉬워진다. 일곱 번째, 질문에 답하면 스스로 설득이 된다. 사람들은 누가 해주는 말보다 자기가 하는 말을 믿는다. 사람들은 자신이 생각해낸 것을 좀 더 쉽게 믿으며, 질문을 요령 있게 하면 사람들의 마음을 특정한 방향으로 움직일 수 있다.

7가지 질문의 힘 중에서도 가장 강력한 것은 질문이 우리로 하여금 생각하게 만든다는 것이다. 사람은 질문이 없으면 생각하지 않으려 한다. 질문을 들으면 우리의 내면세계는 그때부터 바빠진다. 예전에 여러 경로를 통해 직·간접으로 보고 들었던 정보를 검색하고, 검색된 자료가 현재의 상황에 어울리는지 검토해볼 것이고, 또 최종적으로 검토된 이 대답을 할 것인지 말 것인지도 생각해볼 것이다. 이런 일련의 과정이 눈 깜짝할 사이에 일어나겠지만, 어떻든 대체적으로 '질문 → 내면 들여다보기 → 생각·정리 → 응답'의 순으로 의식이 흘러갈 것이다.

요즘 들어 스스로 던지는 질문이 있다. 그것은 '진실로 내가 원하는 것은 무엇이지?'라는 것이다. 내 삶의 방향을 어떻게 정할 것인지에 대한 질문이다. 이 질문에 답을 내기란 여간해서 쉽지 않다. 하지만 일단 질문을 던지는 것만으로도 유익이 있을 것이다. 자신의 미래를 그려보고, 현재 주어진 시간을 어떻게 살아가야 되는지에 대해 생각하게 하기 때문이다. 때로는 어떤 일을 시작할 때나 새로운 사람을 만날 때에도 같은 질문을 사용한다. 이 질문에 대한 정확한 답, 즉 정답(正答)은 없을지 모르지만 명답(明答)은 있을 것이기에 의도적으로 질문한다. 굳이 이렇게 하는 것은 스스로 어떤 일이나 상황에 대해 한 번 더 생각해보고 싶은 나의 바람의 반영일 것이다. 질문을 던지고 생각해보는 일련의 과정을 거치면서 똑같은 일이라도 일에 대한 추진력을 가질 수 있다. 그리고 사람을 만날 때에도 보다 밝고 명랑한 마음으로 만날 수 있다. 다른 표현을 빌리자면 질문을 통해 나의 내면이 정리되어 스스로 힘을 가지게 된 것이다.

이처럼 자문자답의 유익이 있는 것과 마찬가지로 타인에게 던지는 질문에도 효과가 있다. 부끄럽지만 질문으로 인해 변화된 필자의 어머니 얘기를 할까 한다. 어머니의 연세는 일흔 중반이다. 뒤늦게 믿음을 가져 교회에 열심히 출석은 하지만 성경말씀은 매우 약했다. 간혹 고향에 가서 함께 예배를 드릴 때면 설교 시간 내내 거의 조는 어머니 모습을 보아야 했다. 어머니가 성경말씀에 집중하여 믿음이 성장하기를 바라는데, 어떻게 해야 할지 좋은 방법이 떠오르지 않았다. 그러던 중 문득 질문에는 힘이 있다는 것이 생각나 조금은 연로하지만 어머니께 질문을 사용하기로 했다. 주일 저녁 안부전화를 드릴 때면 의식적으로 "어머니 오늘 들은 말씀이 뭐였어요?" 또는 "오늘 예배 때 들은 말씀 중에 생각나는 것은 무엇인지, 저한테 알려주세요"라고 했다. 처음 몇 주간은 예상했던 대로 별 대답이 없었다. 그럼에도 꾸준히 질문했다. 자칫 너무 채근하는 것 같아 조심스럽긴 했지만 평소 어머니와 친밀감이 있었기에 계속할 수 있었다.

이렇게 질문하기를 수주일, 드디어 어머니의 대답이 변하기 시작했다. "응. 그래 오늘 설교 때," 하면서 한두 마디씩 대답했다. 시간이 지날수록 어머니의 말씀은 조금씩 길어졌다. 단어에서 문장으로, 그리고 좀 더 긴 설명으로 이어졌다. 어느새 아들에게 설명하는 어머니의 목소리에 즐거움이 배어 있었다. 할 말이 준비되어 있는데 때 맞춰 물어주는 것이 되어 어머니는 신명나게 들은 말씀을 내게 풀어놓았다.

한번은 이런 적도 있었다. 주일 저녁 안부전화를 못하고 며칠 뒤에 전화했더니, 어머니께서는 "너한테 얘기해줄려고 생각해놨는데 전화가 안 오더라"며 서운한 내색을 비치셨다. 계속된 아들 녀석의 곱지 않은 질문에 답하기 위해 어머니는 설교에 귀를 기울였던 것이다. 질문에는 이런 힘이 있다.

교육하면 주로 유대인의 교육을 입에 올리곤 한다. 세계적으로 유명한 유대인의 교육 특징은 질문에 있다. 고기를 잡아주는 것이 아니라 고기 잡는 법을 가르쳐주고 있는 것이다. 스스로 질문하고 스스로 답을 찾아가는 과정에서 고기 잡는 법, 인생의 해결책을 찾아간다는 것이다. 그래서 유대인 부모들은 학교에 다녀온 자녀들에게 "오늘 학교에서 선생님의 물음에 대답 잘했니?"라고 묻는 대신에 "너는 오늘 학교에서 선생님에게 무슨 질문을 했니?"라고 묻는다고 한다.

질문으로 감정 읽기

우리는 흔히 감정은 별것 아니라고 무시해버리고 논리적이고 이성적인 판단만을 앞세울 때가 많다. 그러나 일의 성사 여부는 의외로 감정에 의해 판가름 날 때가 많다. 사람은 감정을 무시하고 판단할 수 있는 존재가 아니다. 아무리 이치에 맞는 말이라도 한 번 감정이 상하면 그 말이 좋게 들리지 않는다. 좋은 감정은 상대방의 마음의 문을 여는 열쇠라고도 한다. 일단 마음의 문을 열고 들어가야 그 사람을 만나고 내가 하고 싶은 말도 할 수 있는 것이다. 감정을 읽어준다는 것은 상대로 하여금 무장해제 하고서 문을 여는 것과 같은 효과를 가져다준다. 인간관계에서 얽히고설킨 문제도 한 꺼풀 벗겨보면 대부분 감정의 문제다. 논리적인 문제로 다투는 경우는 그렇게 많지 않다. 우리가 흔히 쓰는 '괘씸죄'라는 것도 감정이 상한 데서 나온 것이다.

한번은 아버지와 이런 일이 있었다. 아내는 집안의 큰 며느리로서 여러 가지 일을 챙겨야 했다. 아버지 생신이 가까워 오자 가족과 친척이 모이는 자리를 주선했다. 당시 우리는 서울에 거주했고 부모님은 광주에 계셔서 예전에 모임을 가졌던 광주의 모 일식집으로 정했다. 그런 다음 아내는 아버지께 생신 모임을 일식집에서 하게 되었노라고 알려드렸는데, 여기에서 일이 막혔다. 그 집은 음식이 맛이 없을 뿐만 아니라 값도 비싸 도무지 마음에 들지 않다며 내키지 않아 하셨다. 아내는 출근하는 나를 붙잡고 저간의 사정을 얘기하며 어떻게 하면 좋겠느냐고 물어왔다.

　나로서도 뾰족한 방법이 없었다. 고민하면서 출근하는 중 문득 아버지 감정을 읽어주는 질문을 던져봐야겠다는 생각이 들었다. 평소에 잘하던 방식이 아니라서 먼저 그 질문을 손으로 썼다. '아버지, 먼저 아버지께 의논드리지 않고 저희들 마음대로 음식점을 잡아서 속이 많이 상하셨지요?' 이렇게 써놓은 다음 한두 번 소리 내어 읽어 보았다. 말하는 연습을 해본 것이다. 평소에 이런 말투가 몸에 배어 있다면 저절로 될 터인데 그렇지 않았다. 어느 정도 되었다고 생각되었을 때 용기를 내어 아버지께 전화를 드렸다. 신호음이 가는데 마음이 떨렸다. 새로운 시도를 하는 것인데, 잘 될지 걱정이었다. 드디어 수화기 너머로 아버지 목소리가 들렸다. 안부를 여쭌 다음, 미리 연습해두었던 감정을 읽어주는 질문을 아버지께 드렸다. 그말이 나가자마자 아버지의 음성은 누그러지고 태도도 부드러워졌다. "아, 아니다, 꼭 그렇다는 것은 아니고 니들이 정했다면 그리 해도 된다." 순식

간에 문제가 해결되었다. 그 한마디 말이 이렇게 강력한 힘을 발휘하게 될지는 미처 짐작하지 못했다. 기쁜 마음으로 아내에게 소식을 전했더니 어떻게 그렇게 간단하게 문제를 해결했느냐고 궁금해했다.

감정을 읽어주는 질문의 필요성을 감정의 홍수 이론을 들어 설명할 수도 있다. 평소 사람은 감정과 이성이 반반으로 균형을 이루고 있는데, 화가 나면 감정이 폭발적으로 증가하여 이성을 꽉 눌러버린다. 즉 감정이 홍수가 난 것처럼 차고 넘쳐 머리에 감정만이 있고 이성은 보이지 않게 되는 것이다. 이때는 당연히 넘쳐나는 감정의 지배를 받아 감정적으로 말하고 행동하게 된다. 이성적인 행동은 도무지 찾아볼 수 없다. 평소에는 안 그랬는데 어떻게 저럴 수가 있느냐며 이해가 안 된다는 반응을 보인다. 당연하다. 지금 당사자는 오직 감정뿐이기 때문이다. 이성의 힘이 작동되지 않으니 이해가 되지 않는 것이다. 이를 가리켜 감정의 홍수상태라고 한다.

이것을 해결하는 방법은 홍수처럼 불어난 감정의 물을 빼내주는 것이다. 화나고 속상한 감정을 읽어주면 된다. 감정을 읽어주는 한마디 말은 상대의 마음을 찔러 물이 빠지게 도와준다. 감정의 물이 빠지면 쪼그라들었던 이성이 다시 제자리를 잡아 균형 잡힌 시각으로 상황을 판단할 힘이 생기기 때문이다.

관심을 가지면 보이기 시작한다

관심이 있느냐 없느냐의 차이는 여러 부문에서 갈린다. 일단 사람이든 사물이든 관심을 가지면 보이기 시작한다. 항상 옆에 있으면서도 관심이 없으면 보이지 않는다. 일례로 누구나 항상 가지고 있는 화폐를 생각해보자. 천원 지폐에 그려져 있는 인물은 누구인가? 이 질문을 받으면 두 종류의 사람으로 나뉜다. 한 부류는 금방 생각해내지 못한다. 어제도 사용했고, 오늘 방금 전에도 손에 쥐고 있었을지라도 지폐 인물이 누군지 모른다. 그 이유는 관심이 없었기 때문이다. 지폐를 돈으로 사용하는 데에만 초점을 맞추었지 지폐그림에는 관심을 주지 않았던 것이다. 다른 한 부류의 사람은 퇴계 이황이라고 금방 떠올리면서 항상 돈 쓸 때마다 그것을 보는데 답을 맞추는 것은 당연한 것이라고 생각한다. 이 사람들은 지폐의 그림에 한 번쯤 관심을 가졌던 사람들이다. 이렇듯 관심이 있고 없음에 따라 사물이 눈에 들어오는 정도가 다르다.

자녀교육에 대한 TV 특강 중에 들은 얘기다. 자녀에 대해 관심을 갖는 것은 중요하다. 그런데 같은 'ㄱ'으로 시작하지만 관심과 전혀 다른 간섭은 하지 말아야 한단다. 관심을 받으면 기분이 좋지만 간섭은 싫어한다는 것이다. 관심은 사랑의 표현으로 관심을 받은 만큼 자녀는 성숙해진다는 것이다. 문제는 대개의 부모들이 자녀에게 관심을 갖는다고 하면서 관심을 넘어 간섭하는 것이다. 엄청 공감이 가는 대목이었다. 나도 자녀를 키우면서 관심을 갖는다는 것이 자칫 간섭으로 표현되는 경우가 많았다. 자녀의 공부에 관심을 갖는다면서 공부하는 시간이 적다, 게임을 많이 한다, 오답노트 만들어라, 예습 복습 철저히 해야지, 성적이 이래서야 되겠느냐며 온갖 종류의 간섭을 늘어놓는다. 이러고서도 나는 자녀에게 관심을 표현했을 뿐 간섭은 하지 않았다고 말할 수 있을까?

자녀에게 행하는 것 중 어떤 것이 관심이고 어떤 것은 간섭일까? 애매하다. 이럴 때 개그콘서트의 공감개그로 유명한 '애정남'(애매한 것을 정해주는 남자)이 등장하여 확실하게 정해주었으면 좋겠다는 생각이 든다. 정답은 아니지만 내가 애정남이 되어서 제시한다면 아마도 이렇게 할 것 같다. 자녀의 입장에서 그것을 받았을 때 기분이 좋으면 관심이고 기분이 나쁘면 간섭이라고.

아무튼 사람은 누군가로부터 관심을 받으면 일단 기분이 좋다. 자신에 대해 마음을 써주는 데 좋지 않을 리가 없다. 스스로 자신을 높이고 자신을 사랑하는 자기애가 충족되기 때문이다. 상대와 대화를 할 때도 이렇게 관심을 표현해주면 당연히 상대방의 기분은 좋아지게 마련이다. 좋은 질문이란 상대가 말하고자 하는 것을 먼저 이쪽에서 알아차리고 물어주는 것이다. 얼마나 고맙겠는가? 그렇잖아도 누가 지금 이것을 물어주지 않나 하고 기다리는데, 마침 그것을 물어주면 술술 풀어놓는다.

지난 주말 테니스 대회에 나가 우승이라도 했다면 그것을 누군가에게 자랑하고 싶은데 중이 제 머리 깎는 것이 멋쩍어서 자제하고 있지만 입은 못내 근질근질하다. 그런데 어떤 사람이 "어제 테니스 대회 나가셨다는데 어떻게 되었어요?"라고 질문해온다면 때는 이때다 하고 테니스 대회 우승한 것은 물론이고 테니스가 건강에 얼마나 좋고, 또 얼마나 재미있는지에 대한 자신의 의견을 한 보따리 풀어놓을 것이다. 그러면서 어쩌면 이 사람은 내가 이것을 얘기하려고 한 것을 딱 맞추어서 물어주었을까 하면서 그 사람에 대해 높은 점수를 줄 것이다. 상대방의 관심 있는 부분을 질문으로 사용한다는 것은 이런 효과가 있다. 상대방에게 점수 따기 좋은 방법이다.

코칭에 효과적인 질문들

코칭 효과를 높이려면 다음과 같은 질문을 사용하는 것이 좋다. 첫째는 미래형 질문을 사용하는 것이다. 질문의 내용에 미래형 말이 들어가는 것이 미래형 질문이다. '앞으로 어떻게 할 것인가?' 또는 '이제부터는 어떻게 할까?'라는 질문이 미래형 질문이다. 질문의 방향이 미래에 초점을 맞추고 있는 것이다. 지나간 과거에 초점을 맞추고 그것에 대해 질문하면 생각의 흐름도 과거에서 벗어나지 못한다. 성경에 '오직 한 일, 즉 뒤에 있는 것은 잊어버리고 앞에 있는 것을 잡으려고 푯대를 향하여'라는 말이 있다. 예전 일을 잊어버리고 오직 앞을 향해 나아가는 모습에 대해 말해주고 있다. 사용하는 질문을 들어 다시 해석하면 과거형 질문에서 벗어나 미래형 질문으로 바꾸라는 것이다. 자꾸만 예전의 모습에 미련을 버리지 못하는 인간의 본성에 일침을 놓는 말이다. 미래형 질문을 받게 되면 저절로 생각이 앞을 내다보게 된다. 이렇게 될 때 발전이 시작되고 성장과 변화를 가져올 수 있다.

다음으로는 학습형 질문을 하는 것이다. 질문을 할 때 배우려는 자세로 하라는 것이다. 학습형 질문에 반대되는 것이 심판자형 질문이다. 예를 들어 실수나 실패한 것을 보고서 '왜 그렇게 했어?', '어쩌다가 그렇게 된 거야?' 하는 것은 실수나 실패를 따지는 심판자형 질문이다. 이에 반해 학습형 질문은 '이번 일을 통해 배운 것이 무엇인가?', '이런 실패를 되풀이하지 않으려면 어떻게 해야 하는가?' 하는 식으로 실수나 실패를 통해서도 무엇인가 소중한 경험을 도출해낼 수 있도록 도와주는 질문이다.

우리가 무심결에 흔히 쓰는 질문은 심판자형 질문이다. '왜'라는 말로 실수와 실패의 이유를 따지면서 책임을 묻고 있는 것이다. 그렇지 않아도 상대는 지금 자신이 실패한 것에 고통스러워하고 있는데 심판자형 질문을 받으면 더 힘들어진다. 어쩌면 실패를 되풀이하지 않기 위해 자신을 변화하고 일어서려는 의지마저 꺾어버릴지도 모른다.

반면 학습형 질문을 받으면 그 질문에 답을 하기 위해서라도 무엇이 잘못되어 그런 실패를 했는지 생각하게 된다. 그래서 자신이 잘못한 점을 발견하면 그것을 고칠 수 있는 방안도 떠오른다. 사람은 배우고 깨달은 만큼 성장한다. 양서를 읽고 교양강좌를 들음으로써 배우기도 하지만, 자신이 직접 행하고 경험한 것으로부터 배운 것은 그 효과가 더 크다. 학습형 질문은 우리에게 일상에서 일어난 모든 일들을 통해 배울 수 있는 기회를 제공해준다. '실패는 성공의 어머니'라고 한다. 이 말이 그대로 이루어지려면 실패를 통해 배움이 일어나야 한다. 실패 앞에서 괴로워하고 있는 피코치에게 '이번 실패를 통해 깨달은 것은 무엇입니까?'라고 질문하는 것이 우선되어야 한다.

세 번째는 긍정형 질문을 사용하는 것이 좋다. 미래형 질문에서와 같이 질문에 긍정의 단어가 들어가는 것이 긍정형 질문이다. 말과 심리는 바늘과 실처럼 함께 다닌다. 긍정의 말은 긍정의 정서를 가져오고, 부정의 말은 부정의 정서를 가져온다. 따라서 코치로부터 긍정형 질문을 받은 피코치의 심리는 긍정 쪽으로 가동된다. 작은 것일지언정 할 수 있는 것은 무엇인지, 가능한 것이 무엇인지를 찾게 되는 것이다. 신경언어프로그램인 NLP 코칭에서 강조하는 것이 바로 이 긍정의 말을 사용하는 것이다. 성공한 사람들에게서 보이는 성공의 공통적인 원리 중 하나가 긍정의 말에서 비롯된다는 것이다. 긍정의 생각과 긍정의 말이 긍정적인 태도를 가져오고 궁극적으로 긍정의 힘과 에너지를 가져다준다는 것이다. 세상은 사람의 눈에는 비록 보이지 않지만 많은 에너지들이 수없이 움직이고 있다. 우주공간에 끝없이 펼쳐져 있는 에너지들 중에서 긍정의 에너지를 끌어 모아 쓸 수 있는 비결은 긍정의 말과 생각을 하는 것이다. '어떻게 하면 성공할 수 있을까?', '이 일을 좀 더 잘하는 방법은 무엇일까?'라는 긍정형 질문을 던지는 것이 피코치에게 긍정의 사고와 긍정의 말을 생성시켜준다.

마지막으로 열린 질문을 사용하는 것이 좋다. 열린 질문은 상대에게 사고의 확장을 가져다주기 때문이다. 어떻게, 무엇을 등과 같은 단어를 사용하여 방법과 원인을 충분히 생각해보게 하는 것이 열린 질문이다. 이에 반해 닫힌 질문은 생각해볼 필요 없이 '네, 또는 아니오'로 답할 수 있는 질문이다. '어제 그 일을 한 사람이 당신이 맞습니까?', '당신 나이는 현재 서른이지요?'라는 질문이 여기에 속한다. 질문이란 그 질문을 통해서 생각이 계속 이어지고 넓어져야 좋은 질문이라고 할 수 있을 것이다. 열린 질문을 받으면 생각이 확장되는 것을 볼 수 있다. 질문을 통해 미처 보지 못했던 곳을 보게 되고, 점검하지 않았던 부분을 살펴보게 된다. 그 결과 새로운 사실을 발견하게 되고, 그 발견된 것을 단초로 또다시 더 깊고 넓은 내면의 세계를 탐색하게 된다. 마치 단어 끝말잇기 놀이에서와 같이 첫 생각이 둘째 생각을 낳고, 둘째 생각이 다른 셋째 생각을 낳아 생각이 꼬리에 꼬리를 물고 계속 이어지게 되는 것이다. 코치에게 열린 질문을 던짐으로써 이런 효과를 가져올 수 있다.

　이상 네 가지 유형의 질문은 코칭할 때 적극 권장하고 있지만 가능한 사용하지 말아야 하는 질문도 있다. 물론 사용을 권하는 미래형, 학습형, 긍정형, 열린 질문의 반대편에 있는 과거형, 심판자형, 부정형, 닫힌 질문은 당연하고, 이것들 외에도 많은 코칭 전문가들은 '왜'라고 묻는 것을 하지 말라고 한다. '왜'라는 질문은 상대에게 생각을 촉진하기보다는 변명의 이유들만을 찾아가게 하는 경향이 있을 수 있기 때문이다. 게다가 이 질문은 자칫 건전한 생각은커녕 불쾌한 감정을 일으킬 수도 있다. 코칭은 코치와 피코치의 두터운 신뢰와 적극적인 상호 커뮤니케이션이 필요하다는 점은 누차 강조해왔다. 그런데 왜라고 묻는 것은 이런 긍정적인 상호관계를 역행시킬 가능성이 매우 크다.

코칭 대화가 아닌 일상적인 대화를 나눌 때에도 왜라는 질문은 그리 유쾌하지 않다. 한번은 아내가 아들에게 이런 부탁을 하는 것을 들었다. 아들 녀석은 제 엄마에게서 전화가 오면, '여보세요' 하는 대신, '왜에~~'라는 말부터 하는가 보다. 요즘 전화기에는 대부분 발신자 정보가 화면에 띄워져 누군지 알 수 있으므로 대뜸 엄마에게 무엇 때문에 전화했느냐고 따지듯이 왜라고 묻는 것이다. 아무리 자식이지만 상대의 반응이 첫마디부터 이렇게 나오면 얘기하고픈 마음이 사라지고 만다. 그래서 "이제는 왜라고 하지 말고, 여보세요라고 말해주면 안되겠니?" 하고 부탁하고 있었다. 그렇다. 가능한 이 왜라는 질문은 사용하지 않는 것이 좋다. 굳이 이유를 물어보고 싶다면, '왜' 대신 '무엇 때문에'라는 말을 쓰면 된다. 예를 들어 '왜 그렇게 했지?' 대신에 '무엇 때문에 그렇게 했지?'라고 바꾸어 질문하면 그나마 감정의 방어막이 조금 덜 쳐진다.

판단 없이 관찰하기

'칼로 입힌 상처는 회복되지만 말로 입힌 상처는 평생 간다'는 말이 있다. 칼의 상처는 외형적으로 신체에 입혀지지만 말의 상처는 눈에 보이지 않는 마음에 남는다. 그래서 겉으로 드러나지 않는 말로 입은 상처는 오래간다. 그러므로 우리는 특별히 말을 조심해서 사용해야 한다. 무심코 던진 나의 말이 어떤 사람에게는 평생 잊혀 지지 않는 상처가 될 수 있다는 사실을 기억해야 할 것이다.

우리는 입 다문 채 아무 말도 하지 않고서 살 수는 없다. 아침에 눈뜬 순간부터 잠자리에 들 때까지 우리는 누군가와 끊임없이 말을 주고받는다. 상대를 칭찬하고 격려하는 말도 있고, 상대를 무시하며 자존감에 상처를 주는 말일 수도 있다. 하루 중 우리가 사용한 말이 무엇이었는지 조용히 반추해보면 결코 유쾌하지 않다. 칭찬하고 격려하려고 했던 것은 어디까지나 마음뿐이었고 실제 우리 입에서 나온 말들은 상대에게 상처를 주는 것들인 경우가 많다. 사람은 원래 그런가 보다. 그래서 성경 잠언에도 '혀의 권세'에 대해 얘기하고 있다. 사람이 죽고 사는 것이 세치 혀의 말에 달려 있다'며 사람들의 말에 대해 경고하고 있다. 그렇다면 어떻게 하면 우리가 사용하는 말이 폭력적이지 않을 수 있을까? 그것에 대한 한 가지 답이 바로 '비폭력 대화'일 것이다.

비폭력 대화는 현재 일어나고 있는 사실을 있는 그대로 살펴보는 '관찰'과 자신의 마음속에 있는 '욕구와 느낌'의 표현, 상호 제안의 순서로 이어지는 대화방식이다. 이것은 어떤 어려운 수학문제를 풀거나 복잡한 추론을 이끌어내는 철학과 달리 상대를 배려하는 마음으로 자신의 마음속에 일어나고 있는 현상을 솔직하게 바라보기만 하면 쉽게 활용할 수 있는 의사소통의 기술이다. 먼저 있는 그대로 바라보는 '관찰'에 대해 상세하게 살펴보자. 관찰이 제대로 되면 첫 단추를 잘 꿰는 것으로 다음 순서는 저절로 풀려질 가능성이 높다. 관찰을 제대로 하기 위해서는 판단을 중지해야 한다. 어떤 사건이나 사람을 대하는 순간 우리는 자동적으로 판단하게 된다. 이것은 좋다, 나쁘다, 별로다 등등의 생각을 가지게 된다. 그동안의 갖가지 직접 및 간접경험을 가지고 판단하게 되는 것이다. 판단내용을 말로 표현하든 그렇지 않든 판단을 하고 있다. 판단을 온전히 내려놓을 수만 있다면 그는 성인군자와 같은 사람이라고 할 수 있을 정도로 일반 범인은 판단하지 않기가 쉽지 않다. 어쩌면 선입견이니 편견이니 하는 것도 이 판단과 같은 연장선상에 있다고 봐야 할 것이다.

좋다 나쁘다를 떠나 해석하지 않고 눈앞에 펼쳐진 상황을 그대로 읽어주는 것이 판단을 배제한 관찰이다.

비폭력 대화의 '판단 중지'라는 부분을 설명할 때 자주 활용하는 예를 필자도 독자 여러분의 이해를 돕기 위해 여기 들어보겠다. 예를 들어 "지하철 안에 어린이를 데리고 탄 아빠를 생각해봅시다. 이 아이가 장난이 심하고 아주 시끄럽습니다. 아빠는 이런 아이를 제지하지 않고 가만 놔둡니다. 주변의 사람들은 이 광경을 보면서 '아니 저 사람은 왜 아이를 저렇게 시끄럽게 가만 놔두지, 형편없는 사람 아니야, 공중도덕을 지킬 줄 모르는 나쁜 사람 아니야?'라고 생각합니다. 지하철 안 승객들은 지금 눈앞에 펼쳐진 이 상황을 보고서 판단하고 있는 것입니다. 그런데 잠시 후 주변의 그런 분위기가 감지되었는지 아버지가 갑자기 아이를 제지하면서 조용히 하라고 합니다. 그러면서 한마디를 덧붙입니다. '사실은 오늘 제 아내를 막 화장터에서 화장하고 오는 길입니다. 이제 엄마 없는 이 아이를 어떻게 키워야 할지, 걱정이 많이 됩니다.' 순간 승객들의 생각은 완전히 바뀝니다. 방금 전 공중도덕도 지킬 줄 모르는 형편없는 사람에서, 정말로 아이를 사랑하는 좋은 아버지로 바뀝니다. 그런데 예전의 상황처럼 자신이 판단한 것으로 공중도덕도 모르는 사람이라고 쏟아 냈다면 어땠을까요? 크게 오판한 것이죠."

우리는 미리 판단해서 그 사람을 자신의 경험이나 생각대로 재단해버리는 실수를 저지르지 말아야 한다. 그런데 사람은 천성적으로

이 '판단 중지'를 할 수 없다고 한다. 사람을 보는 순간, 그 사람의 외모와 태도, 말을 듣고 행동을 보는 순간, '아, 저 사람은 이런 사람이구나' 하고 판단해버리는 것이다. 이렇게 이미 판단해버리면 그 사람의 말과 행동이 객관적으로 보이지 않는다. 우리가 판단해버린 우리의 생각이 일종의 여과기가 되어 상대를 진정으로 만나기가 힘들다. 그래서 일부에서는 온전한 판단 중지가 잘 안 되므로 판단 중지 대신 괄호 치기를 권하기도 한다. 괄호는 씌었다가 빨리 벗길 수 있기 때문이다. 완전한 상태는 아니더라도 판단 중지를 위해 가까이 가려고 노력하는 것이다.

판단이 들어가지 않는 관찰을 제대로 하면 상대와 자연스러운 대화의 물꼬가 터진다. 판단받지 않고서 자신을 읽어주는 사람과 대화하는 것은 즐거운 일이다. 감정을 건드리지 않았기 때문에 마음의 문이 열린다. 그러면서 상대를 대화의 장으로 초대하여 그 다음 얘기를 듣고 싶어한다. 우리는 누구나 이런 경험을 한두 번씩은 해보았을 것이다. 자신의 행동에 대해 첫마디부터 판단하고 들어오는 사람과는 더 이상 말하고 싶지 않다는 생각 말이다. 아무리 그것이 옳은 말일지라도 일단 감정적으로 수용되지 않기 때문일 것이다. 내가 그렇다면, 역지사지의 입장에서 보건대 상대도 그럴 것이다.

느낌과 욕구 표현하기

비폭력 대화의 두 번째 단계는 '느낌과 욕구의 표현'이다. 원래 비폭력 대화를 소개한 로젠버그는 이 느낌과 욕구를 구분해 설명하고 있다. 어떤 행동이나 말을 들었을 때 자신에게 일어나는 느낌을 먼저 표현하고 그 다음에 그 느낌과 연관되어 있는 자신의 욕구를 말하도록 안내하고 있다. 그런데 우리나라 말은 이 느낌과 욕구를 구분 짓는 것이 자연스럽지 않아 함께 묶어서 얘기하려고 한다. 표현하는 순서도 우리나라 말은 욕구를 먼저 말한 다음 느낌을 얘기하는 것이 더 부드럽게 들려온다. 이를테면 '나는 ~ 하기를 원했는데, 지금 그러지 못해서 짜증난다'는 식이 일반적인 우리나라 말의 표현이다. 이런 느낌과 욕구의 표현해 대해 상세하게 살펴보면 다음과 같다. 느낌은 어떤 행동이나 말을 들었을 때 어떻게 느끼는가를 말하는 것이다. 아픔, 무서움, 기쁨, 즐거움, 짜증 등의 느낌을 표현하는 것이다.

사람의 뇌를 연구하는 학자들은 감정이 원시시대의 환경에서부터 비롯되었다고 한다. 무서움과 공포 등 부정적 감정을 즉시 느끼는 것은 생존을 위해 반드시 필요한 것이었다. 뇌의 중앙에 위치한 편도체가 감정을 인지하는 곳이라고 한다. 어떤 상황이 눈앞에서 일어나면 편도체는 즉시 이것이 우리에게 유쾌한 것인지 아니면 불쾌한 것인지 별다른 의미가 없는 중립의 것인지를 구분하여 그에 맞는 행동을 취하게끔 한다. 생명을 위협하는 무서운 상황이면 불쾌한 감정이 반사적으로 일어나 그 현장에서 도망치거나 맞서 싸울 채비를 한다는 것이다. 그런데 이런 감정의 흐름은 원시시대를 지나 현대를 살아가고 있음에도 우리 뇌에 그대로 흐르고 있다는 것이다. 그러므로 우리는 이 느낌을 읽어주는 것이 필요하다.

어떤 느낌이든지 느낌이 말로 표현될 때 그것은 객관화된다. 느낌이 객관화되는 순간 그 느낌은 약화되고 느낌에 휘말리지 않을 수 있다. 감정에 매몰되지 않고 우리 자신이 주인이 되어 감정을 다스리기 위해서는 지금 현재 우리 안에서 일어나고 있는 갖가지 감정들을 정확히 읽어내는 힘이 필요하다. 그런데 사람들은 의외로 느낌과 감정 표현에 서툴다. 특히 전통적인 유교사상이 강한 우리나라 남자들은 더욱 그렇다. 남자는 모름지기 눈물을 자주 보여서는 안 된다는 것을 듣고 자랐기 때문일 것이다. 어렸을 때부터 아프고 슬픈 일이 있어도 참아야 하고, 의연하게 대처하며 감정표현은 가능한 억제하도록 강요받아왔다. 남자가 눈물이라도 보이면, '사내대장부가 쩨쩨하게 울기는 왜 울어?' 하는 편잔을 듣기 일쑤였다. 이런 환경에서 자라다 보니 느낌과 감정표현이 서툴 수밖에 없다. 인간이면 누구나 겪는 희노애락의 감정들을 표현해야 하는데 그게 잘 안 된다. 억누르고 속으로 삭이는 것이 반복되다 보니 성인이 된 후에도 무엇인가 마음속에 꿈틀거리는 것이 있는 것은 분명한데도 그것이 무엇인지 잘 알지 못한다. 그래서 때때로 이 억눌린 감정은 엉뚱한 곳으로 폭발한다. 좋지 않은 감정들이 자신의 내면으로 파고들면 부정적인 생각이나 자신감이 결여된 사람이 되거나 조금 더 심하면 우울증 등 마음의 고통을 당하게 될 것이다. 자신의 내면이 아닌 밖으로 표현된다면 다른 사람에게 상처를 입히는 공격적인 사람으로 비쳐질 것이다. 어떤 방향으로 움직이든지 좋지 않다. 그러므로 느낌은 쌓아두지 말고 그때그때 풀어주어야 한다. 어떻게 풀어줄 수 있는가? 그 느낌을 있는 그대로 읽어주고 표현해주는 것이다. 그러면 느낌은 따뜻한 햇볕에 눈 녹듯이 스르르 사라진다.

 느낌을 제대로 표현하기 위해서는 우선 느낌을 표현하는 단어를 많이 알아둘 필요가 있다. 영어 단어만 외울 것이 아니라 때에 따라서는 우리나라 말도 암기해야 한다. 일단 느낌을 표현할 말이 무엇인지 알아야 그 느낌을 제대로 읽어줄 수 있기 때문이다. 요즘 지하철이나 버스에서 청소년들이 나누는 대화를 들어보면 사용하는 단어가 한정적이라는 것에 놀라곤 한다. 특히 느낌이나 감정표현은 모두 '짜증나(짱나)' 한 단어로 통용되고 있다. 행동이 일어난 상황과 경중에 따라 어떤 것은 아쉽기도 하고, 어떤 것은 짜증이 나고, 또 어떤 것은 감정이 더 큰 화나는 것이 있을 텐데도 처음부터 끝까지 모두 '짜증난다'는 말밖에 다른 말은 없다. 그런 대화를 듣고 있으면 듣는 사람도 은근히 짜증이 밀려온다. 여기에서 벗어나는 길은 느낌을 묘사하는 말을 되도록 많이 알아두는 것이다.

여러분 스스로 느낌을 표현하는 말을 얼마나 알고 있는지 점검해볼 수 있는 간단한 방법이 있다. 지금 바로 백지에다가 일 분 동안 지난 한 주간에 느꼈던 감정들을 적어보는 것이다. 느낌을 표현하는 단어 몇 개를 적을 수 있을까? 대체로 일곱 개 이상을 적으면 평소 느낌을 많이 읽어주고 있다고 한다. 만일 스스로 적은 개수가 일곱 개 이하라면 느낌표현을 위해 노력할 필요가 있다고 생각된다. 느낌을 표현하는 단어를 잘 알지 못하거나, 또는 자신의 내면에서 일어나는 감정에 관심을 두지 않는 경우일 것이다. 그러므로 단순히 느낌을 표현하는 단어를 잘 모른 경우에는 단어를 알아감으로써 해결할 수 있을 것이고, 느낌에 관심을 두지 않았다면 지금부터라도 관심을 가지면 해결될 것이다. 그런데 대체로 이 두 가지는 거의 동시에 해결되는 경향이 있다. 사람이 사용하는 말이라는 것은 그 사람의 관심과 필요해 의해 표현되어지기 때문이다. 지금 내 안에 일어나는 느낌이 무엇인지에 대해 관심을 가지고 그것을 정확하게 묘사할 필요성을 인식하고 노력한다면 저절로 느낌을 표현하는 단어를 더 많이 알게 되고 더 많이 사용하기 때문이다. 느낌을 표현하는 말은 욕구가 충족되지 못한 것을 나타내는 말과 욕구가 충족된 것을 나타내는 말이 있다. 예를 들어 '갑갑하다, 겁나다, 기분이 언짢다, 낙심하다, 뒤숭숭하다, 못마땅하다, 불안하다, 신경 쓰이다, 울적하다' 등이 욕구가 채워지지 않을 때 사용되는 말이고, '감격하다, 기뻐하다, 들뜨다, 마음이 놓이다, 안정되다, 유쾌하다, 행복하다' 등이 만족할 때 사용되는 말이다.

가능한 우리의 느낌을 명확하고 구체적으로 표현할 수 있는 어휘를 적절하게 활용함으로써 우리 내면과의 관계를 돈독히 맺어갔으면 좋겠다. 자기탐색이라는 코칭의 기본전제가 자신의 느낌을 제대로 읽어주는 것과 같은 원리다.

다음에는 욕구를 표현하는 것에 대해 알아보자. 욕구란 사람의 가장 밑바닥에 있는 것이다. '다른 사람의 말이나 행동이 우리의 느낌을 불러일으키는 자극은 될 수 있어도 결코 우리의 느낌의 원인이 아니다'라고 로젠버그의 저서 《비폭력 대화》에서 기술하고 있다. 그러면서 그는 '우리가 자신의 욕구와 느낌을 잘 연결하면 연결할수록 우리는 다른 사람들에게서 연민의 반응을 보기가 쉬울 것이다'라고 말하고 있다. 느낌의 근본은 욕구다. 자신의 내면에서 채워지지 않는 무엇인가(욕구)가 느낌으로 나타나는 것이다. 그런데 이것을 정당한 방법으로 표현하지 않고, 다른 사람에게 화살을 돌린다면 문제가 해결되기는커녕 좋지 않은 방향으로 확대될 가능성이 높다. 사실 자세히 살펴보면 다른 사람을 비판하고, 비난하는 것도 자신의 채워지지 않는 욕구를 돌려서 표현한 것이다.

예를 들어 '나는 밤늦게까지 게임에만 열중하는 네가 도무지 이해되지 않아'라는 말 속에는 '나는 네가 공부를 열심히 해서 나중에 성공한 사람이 되기를 바라는데, 게임에만 빠져 있는 네가 심히 걱정스럽다'는 내면의 채워지지 않는 욕구가 담겨 있다는 것이다. 욕구를 금욕주의자처럼 가능한 없애고 억눌러야 할 것으로 바라볼 것까지는 없다고 생각한다. 인간으로 살아가는 데 욕구는 꼭 필요한 것이다. 그러므로 욕구를 긍정적으로 바라보아야 한다. 그리고 또 욕구는 우리 자신뿐만 아니라 상대에게도 똑같이 있다는 것을 잊지 않아야 한다. 자신의 마음속에 있는 욕구를 정직하게 들여다보는 것을 익히는 것과 아울러 상대에게 있는 욕구에도 관심을 가져주어야 한다. 자신이 필요한 것을 정확히 표현하면 그것이 채워질 가능성이 커진다. 왜냐하면 상대에게 이런저런 것을 해달라고 요구하거나, 상대의 행동을 비난하는 대신 자신의 욕구를 표현해내면 상대는 더욱 쉽게 그 말에 따라 움직일 수 있기 때문이다. 이런 점에서 상대의 변화와 성장을 유도하는 코칭의 과정과 매우 유사하다고 말할 수 있다.

다른 사람에게서 듣기 힘든 말을 들었을 때 우리 반응은 세 가지 중 하나다. 첫째는 그런 말을 들은 자기 자신을 탓한다. 자기비하와 열등감에 빠지게 된다. 둘째는 그런 말을 한 상대에게 즉시 화살을 겨누어 그 사람을 탓한다. '그런 너는 얼마나 잘했냐?'는 식으로 비난하거나 일이 이렇게 된 것은 자신의 탓이 아니라 다른 사람의 탓이라고 책임을 전가하는 것이다. 세 번째는 상대의 감정과 욕구를 읽어준다. 이와 동시에 자신의 내면에 있는 감정과 욕구도 살펴본다. 이 방법을 사용하면 정서적으로 자유로운 해방감을 맛볼 수 있다.

비폭력 대화의 화룡점정, 부탁하기

인간관계를 원만하게 유지하고 우리 삶을 풍성하게 하기 위해서는 '부탁'을 효과적으로 할 필요가 있다. 사람은 혼자 살 수 없는 사회적 존재다. 좋으나 싫으나 관계를 맺으며 그 관계 속에서 때때로 기쁨과 슬픔을 맛보면서 살아가고 있다. 우리는 앞서 비폭력 대화를 활용하는 단계로 판단을 중지한 관찰하기와 자신의 내면에 있는 욕구와 느낌을 표현하는 것에 대해 배웠다. 이제 비폭력 대화의 종결 부분인 '부탁하기'만 남았다. 앞의 두 단계는 실질적으로 상대에게 부탁을 하기 위한 준비단계라고 봐도 크게 틀리지 않을 것이다. 판단을 배제한 채 있는 그대로 관찰하는 것은 상대에게 최대한 마음의 상처를 주지 않는 가운데 대화를 시작하려는 첫 단계이고, 자신의 느낌과 욕구를 표현하는 것도 상대에게 부탁을 전달하기 전에 자신이 느끼는 어려움과 아픔을 최대한 부드럽게 말하려는 두 번째 단계다. 그런데 지금껏 이렇게 부탁을 위해 준비를 잘해왔는데 마지막 관문에서 엉뚱한 곳으로 가버린다면 안타깝기 짝이 없는 일이다. 용을 그릴 때 마지막에 용의 눈동자에 점을 찍음으로써 가장 요긴한 부분을 마치어 일을 완전하게 끝내는 '화룡점정'과 같은 효과를 부탁을 제대로 함으로써 거둘 수 있다.

그렇다면 어떻게 하는 것이 제대로 된 부탁을 하는 것일까? 한마디로 요약하면 '긍정적인 말로 명확하고 구체적으로' 하는 것이 좋은 부탁 요령이다. 먼저는 긍정의 말을 사용하는 것이다. 긍정이라는 말은 수없이 들어서 이제는 어쩌면 진부하게 들릴지도 모른다. 그러나 우리 인간은 긍정의 말이 긍정의 생각과 심리를 이끌어낸다는 평범한 원리를 벗어날 수 없기 때문에 부탁의 말을 할 때에도 역시 긍정의 말을 사용하는 것이 효과적이다. 코칭의 질문기법에서도 긍정형 질문을 사용하는 것이 바람직하다는 설명을 했었다. 부탁을 할 때에도 질문할 때와 마찬가지다. 부탁은 상대로 하여금 어떤 행동이나 말을 하도록 권하는 것이다. 그런데 그런 부탁을 하는 마당에 부정적인 언어를 사용한다면 그 말에 반항감이 들 것이다. 반항감이 생기는 순간 부탁의 효과는 하나도 일어나지 않는다고 봐야 한다. 그러므로 부탁할 때에는 긍정적인 언어를 사용한다는 것을 원칙으로 해야 한다. 다음에는 부탁할 때 명확하고 구체적인 표현을 사용하는 것이 좋다. 막연하고 추상적인 말로 부탁하면 부탁을 들은 사람도 막연하게 행동할 수밖에 없을 것이다. 모호한 표현은 내면에 혼란을 일으킨다. 부탁을 듣고서 행동하고자 하는 적극적인 태도가 있을 경우에도 어떻게 행동해야 하는지 헷갈릴 수 있다. 두루뭉술하게 표현하면 행동도 그렇게 닮아간다. 그러므로 이왕에 부탁하는 김에 상대에게 진정 우리가 원하는 행동이 무엇인지 정확히 표현하는 것이 누이 좋고 매부도 좋은 부탁법이다. 우리가 무엇을 원하는지 명확하게 표현할수록 우리의 욕구가 충족될 가능성이 높아진다.

    부탁한 내용이 상대에게 정확하게 전달되었는지 확인하는 방법으로 코칭의 듣기의 한 방법을 활용하는 것이 좋을 것이다. 듣기 요령 중에 상대가 말하는 것을 자신이 이해한 말로 되풀이해서 말해주는 요약하기(백트레킹: Backtracking)가 있었다. 상대의 말을 그대로 따라하는 순차 백트레킹과 말을 전부 듣고서 한두 문장으로 요약하는 요약 백트레킹이 있는데, 부탁받는 사람에게 잘 들었는지를 확인하는 방법으로 요약 백트레킹을 적용해보는 것이다. 말을 듣는 사람이 자신이 들었던 말을 화자에게 확인받기 위해 따라하는 것이 아니라, 말하는 사람이 듣고 있는 청자에게 적극적으로 요약 백트레킹을 요청하는 것이다. 예를 들어 상대에게 부탁의 말을 한 다음, '방금 내가 한 말을 어떻게 들었는지 말해주세요'라고 묻는 것이다. 상대가 부탁 내용을 정확히 이해했다면 정확한 답변이 돌아올 것이다. 만일 돌아오는 답변 내용이 다르다면, 다시 천천히 좀 더 구체적이고 이해하기 쉽게 설명하면 된다. 이 방법을 사용하면 부탁을 하는 사람과 듣는 사람 간에 의사소통의 오류를 방지할 수 있다. 그리고 부탁을 들은 사람의 입장에서 부탁한 내용을 실행하고자 하는 의지도 높아질 것이다. 자신의 입으로 부탁한 것을 말했기 때문이다. 귀로 듣고 자신의 입으로 말함으로써 동일한 내용을 두 번 반복했다. 뿐만 아니라 남의 얘기가 아니라 자신의 것으로 전환되는 효과도 가져왔다. 이 상황에서 실천력이 높아지는 것은 당연한 현상일 것이다.

끝으로 자칫 부탁이 강요로 비치지 않도록 조심해야 한다. 강요를 받으면 사람은 일단 반항하고 싶어진다. 아무리 옳고 좋은 것일지라도 우리 인간의 감정은 그렇게 작동한다. 부탁이 강요로 변질되지 않고 부탁이 되기 위해서는 상대의 욕구와 감정을 십분 공감해주는 것이 필요하다. 지금 현재 느끼고 있는 기분을 읽어주고 정말로 하고 싶어하는 것이 무엇인지에 대해 관심을 기울이는 것이다. 그러면 상대는 '나를 이렇게 이해해주고 인정해준다'는 마음이 들어 코치가 제시하는 부탁도 당연히 자신에게 좋을 것이라는 생각에서 보다 긍정적으로 받아들이게 된다.

코칭의 처음부터 끝까지 흐르고 있는 철학은 자발성이다. 절대 강요로 피코치를 변화시키거나 성장시킬 수 없다. 피코치의 자발성이 지금 전제되어 있지 않다면 변화와 성장을 다음 기회로 미루는 한이 있더라도 억지로 밀어붙여서는 안 된다. 이렇게 되면 피코치는 변화는커녕 부정적이고 반항의 감정만 키워 다음에 받을 수도 있는 선한 기회마저 빼앗겨버리는 결과를 가져올 수도 있다.

감정표현이 서툴면 내면이 병든다

대체로 우리나라 사람은 모든 감정에 대한 표현이 서툴지만 그중에서도 특히 분노와 감사에 대한 표현이 더 서툰 것 같다. 뜻하지 않게 상대방으로부터 칭찬이라도 듣게 되면, 우리는 손사래를 치며 '쑥스럽게 왜 이러세요'라고 반응하곤 한다. 이 경우 칭찬하는 사람과 칭찬을 받는 사람이 어떤 생각이 들었다가 사라지는지 찬찬히 살펴보면, 위와 같은 반응이 결코 좋은 반응이 아님을 금세 알 수 있다. 먼저 칭찬의 말을 건네는 사람은 상대의 장점이나 좋은 행동을 찾아 상대를 지지하고 격려하는 차원에서 칭찬을 했는데 자신의 마음이 거절당한 기분이 들 것이다. 혹 우리나라 정서에서는 굳이 칭찬을 사양하는 것을 가지고 거절당했다는 기분까지는 들지 않을지라도 칭찬하고자 하는 마음이 온전히 전달되지 않는 것은 분명하다. 그리고 칭찬의 말을 듣는 사람의 마음을 헤아려보면, 우선 칭찬의 말을 들음으로써 기분이 좋아진 것은 사실이다. 자신을 인정해주는데 기분 좋지 않은 사람은 없을 것이므로 이는 당연하다. 그런데 기분이 좋아진 마음을 있는 그대로 밖으로 드러내놓고 만끽하면 무슨 잘못이라도 저지르는 것처럼 억누르기에 바쁘다. 자신의 내면의 소리에 정직하지 못한 처사다. 아마도 어릴 적부터 잘나도 잘난 척하지 않는 것이 겸양의 미덕이라고 배워온 탓이 아닐까 싶다.

코칭심리를 공부하는 수업시간에 감사표현을 하고 듣는 것을 실습하는 시간을 가졌다. 두 사람이 짝을 지어 각각 3분 동안 상대방을 칭찬하는 것이었다. 칭찬의 말을 듣는 사람은 절대 다른 변명을 하지 않고, 다만 '감사합니다'라고만 반응하도록 했다. 우리가 유치원생도 아니고 이런 내용을 가지고 실습하는 이유가 무엇인지 처음에는 이해되지 않았다. 그러나 실습하는 도중 그 이유를 발견하는 데는 많은 시간이 걸리지 않았다. 칭찬을 들었을 때 우리 마음속에서 일어나는 반응을 느껴보고, 그 느낌에 자연스럽고 의연하게 대처하는 것이 바른 방법이라는 것을 깨닫게 해주었다. 실제로 실습 도중 어떤 칭찬의 말을 듣든지 감사하다고만 응대하는 간단한 행동지침이 그대로 잘 지켜지지 않았다. 상대방의 칭찬에 단순히 인정하고 고마움을 표현하는 대신 아니요, 뭘 그런 것을, 쑥스럽게 등등의 말들이 불쑥불쑥 고개를 내밀었다.

칭찬을 들었을 때 쑥스러워하지 말고 그 감사로 인해 일어나는 자신의 내면의 변화를 그대로 따라가보자. 자신을 인정하고 격려하는 말에 우리 기분이 좋아지고 행복해진 상태를 표현하는 것이다.

'그렇게 칭찬해주시니 정말 행복합니다. 마음이 흐뭇합니다. 기분이 한결 좋아졌습니다'라고 말하는 것이다. 그리고 가능하다면 칭찬으로 인해 충족된 자신의 욕구를 구체적으로 표현하는 것도 좋다. 예를 들어 코칭실습을 앞두고 잘할 수 있을지 걱정되어 미리 많이 준비하고 연습하여 훌륭하게 그 실습을 마쳤을 때, 칭찬을 들었다면 우리는 이렇게 말할 수 있을 것이다. '사실 코칭실습을 앞두고 걱정이 많았는데 잘된 실습이었다고 말씀해주시니 기분이 한결 좋아졌습니다'라고.

다음에는 분노의 표현에 대해 알아보자. 분노는 타인을 향하고 있지만, 분노하는 자신이 먼저 다친다는 것을 명심해야 한다. 분노, 즉 화를 내는 것은 건강의 적이다. 분노할 때 발생하는 독소가 우리 신체장기에 좋지 않은 영향을 주기 때문이다. 그리고 화는 또 상대에게 상처를 준다. 오랜 시간 관계를 쌓아왔을지라도 화를 냄으로 인해 일순간에 관계가 끊어질 수도 있다. 한 번 화를 내고 나면 다시 그것을 치유하고 회복하는 데에는 많은 노력과 시간이 필요하다. 어쩌면 마음에 생긴 상처는 영원히 지워지지 않을지도 모른다. 이런 점을 생각하면 화를 내는 것은 여러모로 손해 보는 행동이다. 자신에게도 좋지 않고 상대에게도 좋지 않다. 화날 만한 일을 만들지도 말고, 그런 상대를 만나지도 않는 것이 최선이라는 조금은 엉뚱한 생각까지 해본다.

그런데 우리가 사는 세상은 화를 내지 않고는 지낼 수 없다. 우리 모두 성인군자도 아니고 우리가 만나는 상황이 항상 평안하고 기분 좋은 일만 있는 것도 아니다. 얽히고설킨 관계 속에서 화를 낼 만한 상황은 쉼 없이 발생한다. 그런데 화를 내면 관계가 깨진다고 하고, 화를 참으면 자신의 심신이 상한다고 한다. 화를 내는 것도 화를 참는 것도 좋은 방법이 아닌 것 같다.

    그렇다면 과연 어떻게 하는 것이 좋을까? 화를 처리하는 여러 가지 방법 중에서 가장 실용적인 것을 소개한다. 먼저 화를 중단하는 것이 필요하다. 화를 중단하기 위한 방법으로 복식호흡을 권하기도 하고, 숫자 열을 세라고 권하는 사람도 있다. 무엇을 하든 일단 화내는 것을 멈추고 자신의 화를 바라보는 것이 중요하다. 화는 그냥 일어나는 것이 아니다. 분명 무엇인가 원인이 있다. 화는 자신의 채워지지 않는 욕구와 연결되어 있는 것이 대부분이다. 그러므로 자신의 내면의 욕구가 무엇인지를 살펴보는 것이 필요하다. 그러면서 화내고 있는 자아를 바라봐주는 것이다. 이때 화에 이름을 붙여주는 것도 한 방법이다. 화를 어린아이처럼 달래주어야 하는 에너지 덩어리로 보기도 한다. 이름을 붙여주면서 바라보는 방식은 화라는 어린아이를 돌보는 효과가 있어 상당 부분 화가 수그러진다. 이를 '관찰자 효과'라고 명명하기도 한다. 화와 같은 우리 내면의 감정은 관찰하기만 해도 감정의 에너지가 약해진다는 것이다. 바라봐주는 것에 이런 신비한 힘이 있다. 그런데 화를 바라보지 않고 올라오는 화를 참지 못하고 그대로 폭발시키면 화의 에너지는 더욱 커져 우리 자신이 그

화에 끌려가는 꼴이 되고 만다. 브레이크 없는 기관차처럼 가속이 붙어 급기야 우리 자신을 삼키려들 수도 있다.

화를 내기 전에 두 가지 질문을 던져볼 것을 권한다. '화를 내면 건강을 해친다. 그럼에도 화를 낼 것인가? 화를 내면 상대방이 바뀌겠는가?'라는 질문이다. 이 두 가지 질문에 모두 예(Yes)라고 대답할 수 있으면 그때 화를 내도 좋다는 것이다. 그리고 화를 낼 때 표현방법은 나를 주어로 하는 이른바 '나 메시지'를 사용하는 것이 좋다고 한다. 나 메시지를 사용하면 화의 원인이 된 자신의 욕구를 표현하기가 쉽다. 상대의 관점이 아닌 자신의 관점에서 말하고 있기 때문이다. 상대방의 행동에 대한 자신의 느낌과 욕구를 설명하는 의사전달 방식으로 상대에게 동의를 구하며 상대를 존중하기 때문에 상대가 수용할 가능성이 높다. 이에 비해 '너 메시지'는 상대방을 주어로 사용하는 표현법이다. 주어가 상대방이므로 상대의 말과 행동을 직접 표현할 가능성이 높아 공격적이고 비난으로 들리게 된다. 주어를 무엇으로 삼느냐에 따라 큰 차이가 난다.

지금 바로 가만히 입속으로 '나는 또는 너는'이라는 주어를 사용하여 어떤 말을 떠올려보면 그 효과가 확연히 구분될 것이다. '나는~'이라고 사용하는 나 메시지는 자신의 느낌과 욕구에 관점을 두게 된다는 것과, '너는~'이라고 사용하는 너 메시지는 상대의 행동에 관점을 두고 있다는 것이 분명하게 보일 것이다. 일상에서 나 메시지를 사용하겠다는 생각을 갖고 있지 않으면 자신도 모르게 너 메시지로 말할 가능성이 높다. 코칭의 효과를 기대하려면 어떤 경우에도 피코치를 비난해서는 안 된다. 피코치의 변화를 이끌어내려면 비난을 멈추어야 가능하다. 나 메시지를 이용한 분노의 표현이 비난을 멈추기 위한 코칭의 한 가지 스킬인 셈이다.

성공적인 셀프 코칭의 조건

코칭의 가장 일반적인 방법은 코치와 피코치가 일대일로 만나 서로 파트너십을 형성하면서 도와주는 것이다. 그런데 바쁘고 복잡한 현실에서 사안이 생길 때마다 매번 코치를 만나기가 쉽지 않을 때가 종종 있다. 물론 자신의 분명하고 오래된 문제를 해결하고 싶거나 장기적인 변화와 성장의 과제를 가지고 코칭을 받기 위해서는 코치의 도움을 받는 것이 절대적으로 필요하다. 앞서 코칭의 세 가지 전제조건을 설명하면서 스스로 자신을 코칭하는 셀프 코칭은 새로운 시각을 제시해준다는 점과 지속적으로 코칭을 이끌어가고 실천력을 점검하는 것에 한계가 있다는 것을 말한 바 있다.

하지만 때때로 이런 한계가 있음에도 자신을 스스로 코칭하는 방법을 알고 적용해보는 것도 괜찮은 방법이라고 생각된다. 셀프 코칭의 한계가 무엇인지 알고 부족한 부분을 적절하게 메워준다면 스스로 하는 셀프 코칭을 통해서도 나름 효과를 거둘 수 있을 것이다.

그리고 또 이것은 코치를 만나기 전 코칭의 예습 차원에서 적용해볼 수도 있고, 코치와 코칭이 끝난 후 코칭효과를 지속시키기 위한 코칭의 복습 방법으로 활용될 수도 있을 것이다.

자기코칭이 가장 효과적이기 위해서는 무엇보다도 동기부여가 매우 중요하다. 다른 사람이 우리에게 책임을 묻고 자각을 일깨워주고 행동을 실천하게 해주는 것은 어떤 측면에서는 쉽게 이루어질 수 있다. 그런데 다른 사람의 도움 없이 스스로 동기를 활성화한다는 것은 결코 쉽지 않다. 할 수만 있다면 핑계거리를 만들어 편하고 싶은 것이 사람의 본성이다. 사람은 특별한 일이 없는 한 책임, 자각, 실행이라는 단어는 가까이 하고 싶어하지 않는다. 그러나 이것들은 변화를 위해 당연히 건너야 할 강이고, 성장을 위해 넘어야 할 산이다. 동기가 확실하다면 지금 이 상태에 안주하려는 본성을 거슬러 변화와 성장으로 나아갈 가능성이 높다.

어떻게 하면 외부의 통제가 아니라 자신의 내면에서 일어난 자기동기화 능력을 높일 수 있을까? 자기동기화란 본능적 충동을 자제하여, 목표를 실현시키기 위해서 자신의 잠재력을 최대한 발휘할 수 있는 힘이다. 이런 힘을 기르기 위해서는 주변 사람들 가운데서 역할모델을 찾아서 그를 닮기 위한 실천계획을 세우는 것이 유용하다. 또 이민규의《실행이 답이다》라는 책에서는 자기동기화를 이렇게 설명하고 있다. '소수의 성공하는 사람들은 외부로부터 고통스런 충격을 받기 전에 행동을 바꾼다. 변화하지 못했을 때 겪게 될 훗날의 고통을 끌어당겨 스스로를 절박한 상황으로 내몰 수 있기 때문이다. 이것이 바로 스스로를 동기화시키는 자기동기화 능력이다.' 변화하지 않고 가만히 있었을 때 겪을 수밖에 없는 장래의 고통을 최대한 앞당겨 자신의 눈앞에 갖다놓는 것이다. 이렇게 함으로써 변화에 대한 필요성을 절절하게 깨우쳐 변화하지 않고서는 못 배기게 하는 것이다.

자신의 삶에서 변했으면 하는 것을 한두 개 적어보는 것도 셀프 코칭에 유익하다. 구체적이고 명확하게 기록하는 것이 필요하다. '좀 더 행복하게 살았으면 좋겠다'보다는 '오늘부터 일주일에 한 번 일기를 쓰겠다'가 더 좋다. 이렇게 하면 이것을 실천할 가능성이 높아지고 그에 따른 변화가 따라오게 된다. 또 자신을 관찰하는 시간을 가져보는 것도 셀프 코칭의 효과를 높이는 데 좋다. 자신의 삶을 천천히 되돌아보는 것이다. 과거의 성공했던 일과 행복했던 기억은 내면의 자원으로 활용하고 현재 부족하고 채워져야 되는 것은 무엇인지 살펴보는 것이다. 일차적으로 자신에게 묻고 답하는 형식을 이용한다. 그리고 이에서 조금 더 나아가 주변의 가족과 잘 아는 사람에게 물어보는 것도 사용할 만하다. 가끔은 용기를 내어 아내에게 '당신이 보기에 나의 가장 부족한 부분은 무엇이라고 생각하나요?' 하고 진지하게 물어볼 수 있어야 한다. 자신이 미처 보지 못한 부분이 가까이에 있는 다른 사람들의 눈에는 보이기 때문에 적극적이고 열린 마음으로 물어보아야 한다.

공개선언 효과를 이용하는 것도 좋을 것이다. 변화하고 성장하고 싶은 것을 가능한 주변에 널리 알리는 것이다. 혼자만 결심하고 실행하다가 예상치 않은 어려움이 생기면 누구도 보는 사람이 없기 때문에 그 장애물 앞에 주저앉을 가능성이 높다. 아침에 일찍 일어나 30분씩 운동하기로 자신과 약속하고 결심했다고 하자. 첫째 날과 둘째 날은 기특하게 결심한 대로 실행했다. 삼일째 되는 날 아침에 일어나려고 하니 밖은 아직 어둡고 춥다. 오늘은 추운데 하루 쉬지 뭐, 다음에 하면 되잖아 하고 넘어가기 쉽다. 누구도 챙겨주는 사람이 없기 때문에 자신만 달래면 된다. '이틀 동안 운동한 것도 잘한 거야. 내일 두 배로 하면 되잖아.' 오늘 하지 않고 넘어간 운동을 내일 꼭 할 수 있을까? 보장하기 어렵다.

그런데 자신의 결심을 주변에 공개적으로 선언하면 어떤 일이 일어나는가? 이해를 구해야 할 사람이 자신만이 아니라 자신의 계획을 알고 있는 다른 사람까지 넓어져 있다. 설득이 쉬워 보이지 않는다. 그래서 가능한 계획대로 실천하려고 하는 마음이 더 강해진다. 실천하지 못해서 구차한 변명을 늘어놓기 싫은 마음이 작용된 것이다. 공개선언 효과는 우리에게 이런 장점을 가져다준다.

코칭심리를 함께 공부하는 동기생끼리 온라인상의 교류를 위한 카페가 있다. 코칭에 관한 경험담과 자료를 서로 공유하고 코칭이라는 같은 길을 걸어가는 사람으로서 일상을 나누는 인터넷 공간이다. 이 카페에 '금년 다짐'이라는 제목의 글이 실렸다. 궁금해서 열어보니 금년 한 해 다이어트를 위해 음식을 조절하고 운동을 하겠다는 목표와 실천계획이었다. 그러면서 자신의 계획을 여기에 이렇게 공개한 것은 자신의 실천의지를 북돋우고 싶은 마음 때문이라는 말도 덧붙여 있었다. 그러자, '선생님은 충분히 할 수 있을 것이에요. 변화된 모습이 벌써부터 기대돼요. 다음 학기 때 몰라보면 어떡하죠' 등등 다이어트와 운동의 다짐을 응원하는 메시지가 댓글로 올라왔다. 자신의 다짐을 공개한 동기생은 아마도 자신의 결심을 포기하고 싶은 장애가 발생할 때마다 자신을 지켜보고 있는 여러 사람을 의식해서라도 다시금 일어설 것이다. 코칭을 공부하고 적용하는 사람이라서 그런지 온라인을 통해서도 공개선언의 효과를 충분히 활용하고 있었다.

오늘 하루 행복하세요

제각각 이른 아침부터 출근을 서두르는 서울의 지하철은 붐빈다. 나도 바삐 움직이는 인파에 끼어 오늘도 어김없이 일터로 나가기 위해 4호선 상계역에서 열차가 들어오기를 기다렸다. 지하철에서 듣는 방송은 도착할 역이 어디인지를 알려주는 것과 타고 내릴 때 조심하라는 기계적인 안내음성이다. 그래서 일부러 들으려고 하지도 않고 대부분의 사람들이 그 소리에 관심을 두지 않는다. 어쩌면 정보 전달과 아무런 의미 없는 소음의 경계선에 있을지도 모른다는 생각이 들었다.

그런데 이런 일상을 깨듯이 다른 목소리가 들렸다. '승객여러분, 저희 4호선 지하철을 이용해주셔서 감사합니다. 저는 안산행 제○○○호 열차를 운전하는 기관사 ○○○입니다. 여러분의 안전하고 편안한 여행을 위해 최선을 다하겠습니다. 승객여러분 오늘 하루도 모쪼록 행복한 하루 보내시기 바랍니다. 감사합니다.' 대충 이런 내용이었다. 비행기를 탈 때 들었음직한 방송이었다. 지하철에서 이런 말을 들으리라고는 전혀 생각하지 못했는데 기관사가 자신의 이름을 밝히면서 인사하는 것이 신선했다. 그리고 전혀 모르는 내게 오늘 하루의 행복을 빌어주기까지 해서 고마웠다. 행복이라는 긍정의 말을 들으니 출근길부터 쳐졌던 어깨가 조금은 살아나는 것 같았다.

사람들은 누구나 행복하기를 원한다. 그렇다면 어떻게 하면 행복해질 수 있을까? 지하철 기관사가 한 사람의 승객인 내게까지 빌어준 행복을 어떻게 하면 내 것으로 만들 수 있을까? 행복으로 인도하는 방법은 참 많다. 그것은 아마 이 지구상에 존재하고 있는 사람 수만큼이나 되지 않을까 싶다. 각자 저마다 자신이 추구하는 행복의 길이 따로 있으니까.

그래도 조금이나마 공통적인 것을 묶어본다면, '행복은 마음먹기 달렸다', '행복은 멀리 있지 않고 가까이 있다', '행복은 선택이다', '행복은 현실을 어떻게 받아들이냐의 문제다'라는 것들을 떠올려볼 수 있을 것이다. 행복을 가마솥에 넣고 끓이고 끓여 정제한다면 마지막에는 '행복=자신의 마음'이 되지 않을까 싶다. 행복하기 위해 우리 힘으로 통제할 수 없는 외부 현실에 마음을 빼앗겨 염려하고 근심하는 것이 아니라 우리의 관심과 초점을 자신의 내부 마음에 돌이키는 것이다. 정말 다행스럽게도 이 부분은 우리가 어느 정도 통제할 수 있는 부분이다. 물론 '내 마음 나도 몰라, 나도 내 마음을 어떻게 할지 모르겠어' 하는 수준으로 치달을 때도 있다. 그렇지만 비오는 날씨를 화창하게 바꾸는 것이 쉬운지, 아니면 비오는 날씨를 바라보는 우리의 마음을 바꾸는 것이 더 쉬운지 비교해보면 분명해진다.

이 책에서 줄곧 얘기해온 코칭은 문제해결이 자신에게 달려 있다고 주장하고 있다. 단지 이론적으로 주장하는 것으로 그치는 것이 아니라 실제 코칭 현장에서 스스로 자신의 문제를 해결하여 행복한 변화와 성장을 맛본 경우를 보아왔고, 앞으로 코칭을 통해 이렇게 행복을 찾아가는 사람이 더욱 많아질 것으로 확신한다. 문제는 이 능력을 적절하게 꺼내서 마음껏 사용할 줄 아는 사람이 있는가 하면, 반대로 그렇지 못하는 사람도 있다는 점이다. 코칭은 그 방법을 자세하게 안내해준다. 이렇게 안내하는 방법을 코칭의 거울과 마중물의 역할이라고 설명할 수 있다. 거울은 사람의 얼굴을 보는 도구다. 있는 그대로 비쳐준다는 것이 거울의 장점이다. 우리는 거울을 통해 자신의 얼굴 모습이 어떻게 생겼는지 볼 수 있다. 코칭은 코치와의 코칭대화를 통해 자신의 진짜 모습, 즉 내면을 들여다볼 수 있게 해준다. 피코치가 내놓은 말을 코치가 진실한 마음으로 경청하고 공감해줌으로써 이런 효과가 일어난다.

자신의 내면을 본다는 것은 쉽지 않은 경험이다. 자신 안에 미처 성숙하지 못한 어린이 자아가 있을 수도 있고, 혹은 상처받은 우울한 자아가 있을 수도 있다. 그런데 신비하게도 이런 자신의 자아를 보는 것만으로도 치유가 시작된다. 누군가 자신을 알아주기만 해도 억울함이 풀리는 것과 유사한 이치일 것이다. 자신의 속을 가장 잘 안다고 생각해왔지만 지금까지는 가장 잘 몰랐던 자기 자신이 자신의 속을 보고서 알아가는 순간 이런 효과가 일어나는 것이다. 이른바 '아하!' 하고 무릎을 치는 순간이 바로 거울로 자신을 똑바로 볼 때 일어나는 자각의 순간인 것이다.

그러나 깨달음이 일어난 것에 머물러 있으면 다음의 변화와 성장까지는 나아가지 못한다. 자각한 후에는 코칭의 마중물 역할이 필요하다. 우리 내면에 잠재해 있는 능력이 빛을 발할 수 있도록 밖으로 끌어내야 한다. 마치 샘의 깊은 곳에 있는 생수를 끌어올려야만 우리의 갈증 난 목을 축일 수 있듯이. 수동식 펌프를 그냥 작동하면 도무지 물이 올라오지 않는다. 샘의 근원과 연결할 수 있는 한 바가지의 물, 바로 마중물이 필요한 것이다. 이 마중물을 먼저 붓고서 펌프질을 할 때 비로소 샘물이 올라온다. 코치는 코칭을 통해 피코치의 내면의 능력을 볼 수 있도록 다각도로 질문을 던진다. 질문은 생각하고 설득하며, 통제하는 힘이 있다. 피코치는 질문을 통해 생각을 정리하는 과정에서 자신의 능력을 점차 발견하고 이를 문제 상황에 어떻게 대비하여 활용해갈 것인지 알아간다.

또한 이렇게 발견된 능력은 구체적인 실천 사항으로 만들어지고, 실행을 통해 자신의 변화와 성장을 가져온다. 실행에 따른 성공과 실패의 경험은 지지적 및 교정적 피드백을 통해 다시금 피코치의 자양분으로 돌아와 더 큰 성장의 밑거름이 된다.

하루 일과를 마치고 집으로 가기 위해 출근 때와 마찬가지로 지하철에 오른다. 지하철 승객들의 모습은 각양각색이다. 하루의 피곤함을 달래는 듯 그 짧은 시간에도 눈을 부치는 사람, 스마트폰 문자나 동영상에 빠져 있는 사람, 옆의 친구나 동료와 얘기하는 사람, 게임하는 사람, 신문을 보는 사람, 그리고 목적지에 도착하기만을 기다리는 듯 무표정한 사람까지 다양하다. 이런 사람들의 모습을 무심코 바라보다가 문득 오늘 아침 출근 때 들었던 지하철 기관사의 말이 떠오른다. "오늘 하루 모쪼록 행복하게 보내세요"라고 했던 그 말. 나는 과연 얼마나 행복한 하루를 보냈는지 자문해본다. 직장에서 주어진 일을 하고, 고객을 만나 업무처리도 하고, 친구와 살아가는 이야기도 나누는 중에 행복에 얼마만큼 다가갔는지 생각해본다. 지하철 기관사가 했던 말을 조금 바꾸어 해보고 싶다. '세상의 모든 사람들이 어디에서 무엇을 하든 모쪼록 자신만의 행복의 길을 찾아갔으면 좋겠습니다. 여기 이 책에 소개된 코칭을 통해 자신의 내면에 있는 진짜 자아를 만나 함께 춤추기를 바랍니다.'

: 에필로그

 자신의 진로가 불투명하고, 학습의욕이 떨어진 대학 휴학생인 학생과 여덟 번의 코칭을 마무리하면서 물었다.
 "이번 코칭을 통해 배운 것이 무엇이니?"
 "이제야 내 인생의 작은 출발을 할 수 있겠다는 생각이 들어요."
 "어떻게 해서 그런 생각이 들었니?" 코칭을 마무리하는 시점인데도 또다시 직업은 못 속인다고 코칭적 질문을 던졌다.
 "지금까지 저는 엄마 앞에서 작은 쥐 같았어요. 이쪽으로 몰면 이리 가고 저쪽으로 몰면 저리 가는 그런 쥐. 그래서 재미도 없고, 하고 싶지도 않았어요. 그런데 이제는 엄마의 의견이 아닌 내 생각으로 공부 계획도 짜고 아르바이트도 할 수 있을 것 같아요."
 그리고 이런 얘기도 덧붙였다.
 "사실 그동안 저 많이 외로웠어요. 아무도 제 얘기를 진지하게 들어주는 사람이 없었어요. 그런데 코치님이 친구처럼 제 말을 들어주어서 위로가 되었어요." 이 말을 하는데 눈가에 금세 눈물이 맺히고 목소리가 울먹였다.

코칭을 통해 의기소침해 있던 한 청년이 자신의 내면에 깊숙이 갇혀 있던 외로움이 치유되고, 성장을 위해 앞으로 나아가는 것을 눈으로 보았다. 우리 사회에는 이 청년과 같이 겉으로 보기에는 무난해 보이나 속으로는 힘들어하는 사람들이 많다. 자살이라는 극단적인 선택을 하는 사람들의 수가 줄지 않고 있다는 것만 봐도 짐작할 수 있는 부분이다.

우리나라는 과거와 달리 엄청난 부의 성장을 이뤘다. 보릿고개가 있던 가난한 시절에는 먹고사는 문제가 다른 모든 것을 덮고도 남을 만큼 커서 다른 것을 쳐다볼 여력이 없었다. 그러나 이제는 먹고 살 만해졌다. 먹을 것이 풍성하면 마냥 행복하고 걱정이 없을 것만 같았는데 그렇지 않다. 오히려 여기저기서 예전에 미처 생각지도 못했던 일들이 불거지고 있다. 학교 폭력사태, 청소년의 자살, 가족의 붕괴, 구조조정과 대량실직, 정규직과 비정규직과의 갈등 등 하루가 멀다 하고 크고 작은 사건들이 주변에서 일어나고 있다. 이런 소용돌이 속에서 살아가는 요즘 사람들의 모습은 어쩌면 먹을 것이 넉넉하지 못했던 시절보다 더 힘들고 고단한 삶을 살아가는 것처럼 보인다. 행복과는 점점 더 멀어진 현대인의 자화상을 보는 것만 같다.

이 청년이 코칭을 통해 행복한 변화를 이뤄냈듯이 경쟁과 효율에 치여 힘든 사람들에게 코칭을 더욱 확산시켜나갈 계획이다. 그러기 위해 나 자신을 더욱 연마하고 다듬을 필요를 느낀다. 무엇이든 공부에는 다함이 없는가 보다. 더구나 코칭과 같이 사람을 다루는 인문학적 학습은 할수록 갈증을 느낀다. 심도 있는 코칭심리 학습을 통해 이론에 기반을 둔 근거 코칭으로 코칭의 효과를 배가시켜나가면서 이 책의 후속편도 쓰고 코칭연구소도 마련해보고자 한다. 모름지기 넘어진 사람을 일으켜 세워주고, 앞을 향해 발걸음을 내딛는 것을 힘들어하는 사람에게 내 어깨를 내주어 한 발 걸을 수 있게 해주고 싶다.

행복한 인생의 재발견

코칭, 마음을 열다

초판 1쇄 발행 | 2012년 5월 31일
발행처 | 도서출판 별다섯
발행인 | 최계형
등록번호 | 제307-2009-22호
등록일자 | 2009년 3월 31일
주소 | 서울시 성북구 돈암동 609-1
전화 | 0505-322-0857 **팩스** | 0505-322-0858
이메일 | kangcoms@korea.com

ISBN 978-89-962546-4-5 03320

값은 뒤표지에 있습니다.
잘못된 책은 구입하신 서점에서 바꾸어 드립니다.